対決の東国史

1

源頼朝と木曾義仲

長村祥知

吉川弘文館

目　次

プロローグ

反平家の兵を挙げた二人の源氏

『吾妻鏡』の前史

鎌倉幕府の正史『吾妻鏡《あづまかがみ》』は、治承四年（一一八〇）四月から始まる。同年五月二十六日の以仁王《もちひとおう》挙兵直前の動向を描き、以仁王の遺志がこもった令旨《りょうじ》をうけて、準備を進めた源頼朝《みなもとのよりとも》は八月に挙兵した——吾妻（東）の歴史書なのだから、頼朝中心の書き方になるのも当然なのであるが、では以仁王が挙兵したのはなぜなのか。そして、挙兵当初の頼朝は石橋山《いしばしやま》合戦で敗れるなど劣勢であったが、結果的に多くの東国武士がしたがったのはなぜなのか。同世代の木曾義仲《きそよしなか》も、反乱軍の一方の雄となって上洛するが、なぜ頼朝や義仲は他の武士をしたがえることができたのか。

こうした疑問に答えるためには、頼朝挙兵以前、治承三年十一月の平清盛《たいらのきよもり》による政変

図1　源頼朝像（善光寺所蔵）

に至る一一〇〇年代後半の政治情勢と、京を中心に列島各地で共有されていた官位・家格の秩序を理解しておかねばならない。鎌倉幕府の成立を語るには、『吾妻鏡』の前史をおさえねばならないのである。

源頼朝といえば、東国で挙兵して鎌倉幕府を樹立した、武士のなかの武士とする見方も可能かもしれない。そうした理解からは、貴族勢力の代表である後白河院《ごしらかわいん》と対峙する武士勢力の代表頼朝、という人物像が導き出されるであろう。しかし、両者の対立を階級の相違に根ざす本質的なものと捉える理解は、現在では否定されている。

実は、頼朝と後白河の関係は、遠く平治《へいじ》の乱（一一五九年）以前にさかのぼる。若き日の頼朝は、父源義朝《よしとも》の人脈を介して、後白河の近臣の一人だった（角田文衞、一九七四・上横手雅敬、一九八一）。頼朝は、すでに平治の乱の最中の除目《じもく》（官職任命の儀式）で、右《う》兵衛《ひょうえ》権佐《ごんのすけ》という武士としては高い官職に就いていた。その後、平治の乱に敗れて解官され、伊豆に流されて二〇年。平家に反乱を起こしたときに無官の流人とはいえ、右兵衛権佐の官歴が消滅したわけではなく、「貴種」（高貴な血筋）として東国武士たちを配下にしたがえたのである。

一方、義仲も、父義賢《よしかた》が帯刀先生《たちはきせんじょう》という将来の昇進が期待できる官職に至っていた。義仲自身は、父義賢が討死したときにまだ二歳であったため、無官のまま成長したが、信濃や北陸の武士のなかでは貴種であった。

図2　木曾義仲像（義仲寺所蔵）

頼朝が一一八〇年代の内乱を勝ちぬいた要因はさまざまにあろうが、木曾義仲・源行家《ゆきいえ》・源義経《よしつね》が治承三年十一月の政変の時点で官職を帯していなかったことや、内乱以前に後白河と親密な関係ではなかったことに対して、頼朝の「前右兵衛権佐」という前官や後白河との関係が潜在的な力として機能したことが指摘できよう。

東国における中世的領域の形成

一一世紀から一二世紀にかけて荘園が増加した。そうした全国的な動向のなかで、特に北関東は天仁元年（一一〇八）の浅間山《あさまやま》大噴火によって大きな打撃をうけたが、そこからの再開発が中世的な東国社会のあり方を用意した。その再開発の担い手となった武士による私領の形成や所領（領有権を持つ土地）支配が、律令制とは異なる中世の領域単位を創出したのである（鎌倉佐保、二〇〇九）。たとえば下野国では、律令制下の足利《あしかが》郡・梁田《やなだ》郡・安蘇《あそ》郡から足利荘（栃木県足利市周辺）が成立し、都賀《つが》郡と寒川《さむかわ》郡から寒河御厨《みくりや》（小山荘《おやまのしょう》〈同小山市周辺〉）が成立し、これら広大な所領を治める在地領主が名字を名乗った（花田卓司、二〇一八）。

こうした所領形成は在地の人脈や財力だけで完結するものではなかった。天皇経験者である上皇（院）や、上皇と同等の身位を与えられた女性の女院、そして藤原道長《ふじわらのみちなが》の子孫で摂政《せっしょう》・関白《かんぱく》となる家格を有した摂関家。こうした権勢のある門閥や寺社を権門というが、京の権門が荘園制の領有体系の頂点に立ち、現地の状況を理解する中級貴族が権門と在地領主との間を仲介して、中世荘園が立荘されたのである。

東国武士と京都

一般に武士と貴族といえば、対立的に捉えられることも多いが、武士と武士とが常に固い結束を維持したわけではなく、むしろ在地における武士同士の競合が深刻な場合も多かった。近い親族、さらにいえば親子・兄弟が分裂して戦うこともしばしばであった。貴族と武士が常に対立していたわけでもなく、武士同士の競合のなかで有利に動くために、京の有力皇族や上級貴族に武士が仕えるということは一般的であった。

また、我々が「武士」とひと言で呼んでいる社会集団のうち、例えば清和源氏《せいわげんじ》や桓武平《かんむへい》氏《し》の有力武士は中級貴族といった方が妥当であり、京で政治的地位を確保していた。意外に思われるかもしれないが、平安時代の武士にとっては、京での官位昇進が所領の確保・拡大に匹敵する重要課題であった。

高い官位・家格の者に対して、低い官位・家格の者がしたがうという秩序は厳然としており、平時にあっては官位・家格や中央権威との結合こそが所領確保に有意義だった。戦時にあっては現地で所領を保全・占領するための武力の比重が高まるが、軍勢を組織するさいにも官位・家格の秩序は機能する。当時の武士が、在地での活動に終始していたわけではなく、京でも活発に活動していたのは、こうした京を中心とする権力・秩序の構造を

図3　清和源氏系図

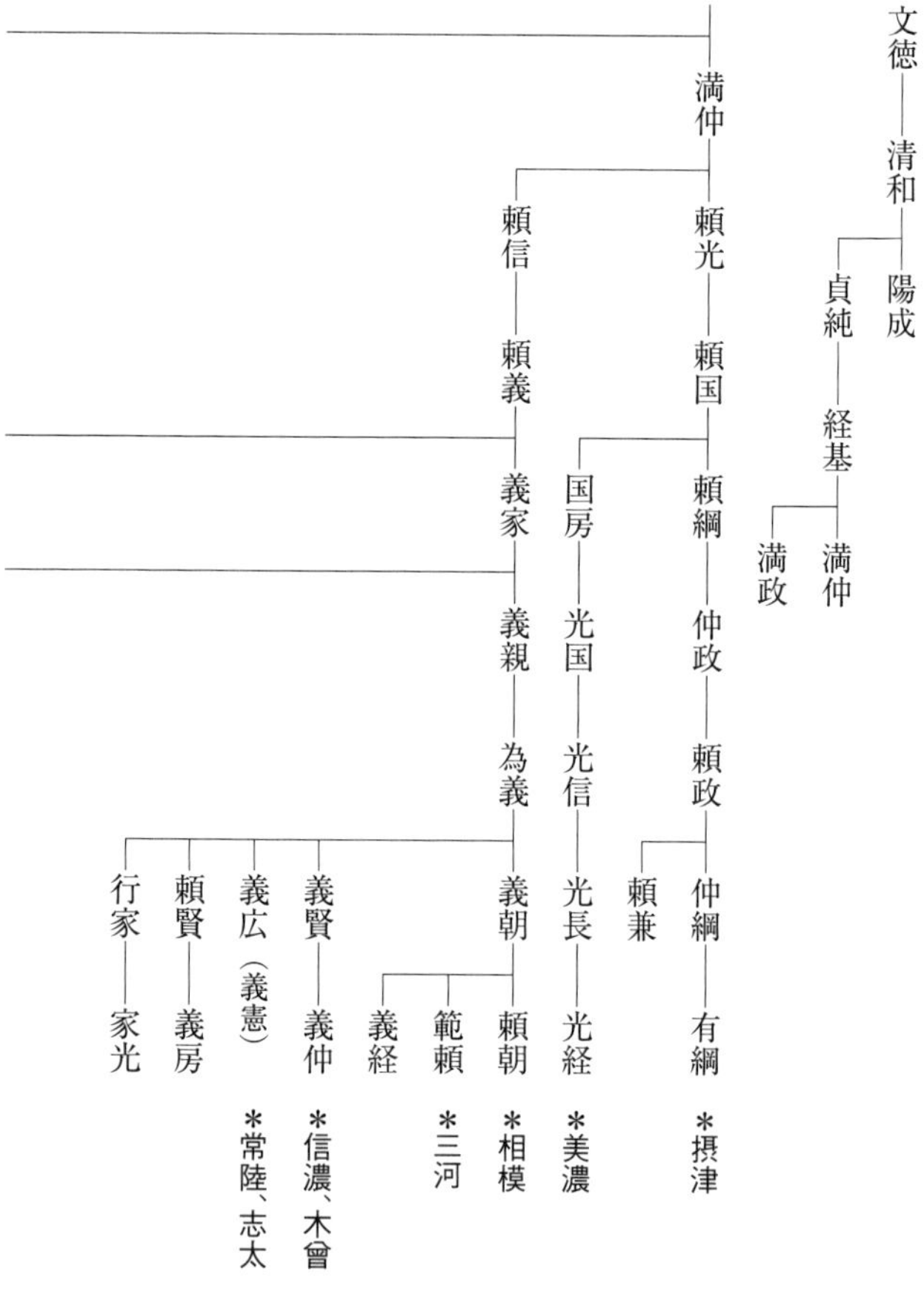
文徳
清和
陽成
貞純
経基
満仲
満政
頼光
頼国
頼綱
仲政
頼政
仲綱
有綱
＊摂津
頼兼
国房
光国
光信
光長
光経
＊美濃
頼信
頼義
義家
義親
為義
義朝
頼朝
＊相模
範頼
＊三河
義経
義賢
義仲
＊信濃、木曾
義広（義憲）
＊常陸、志太
頼賢
義房
行家
家光

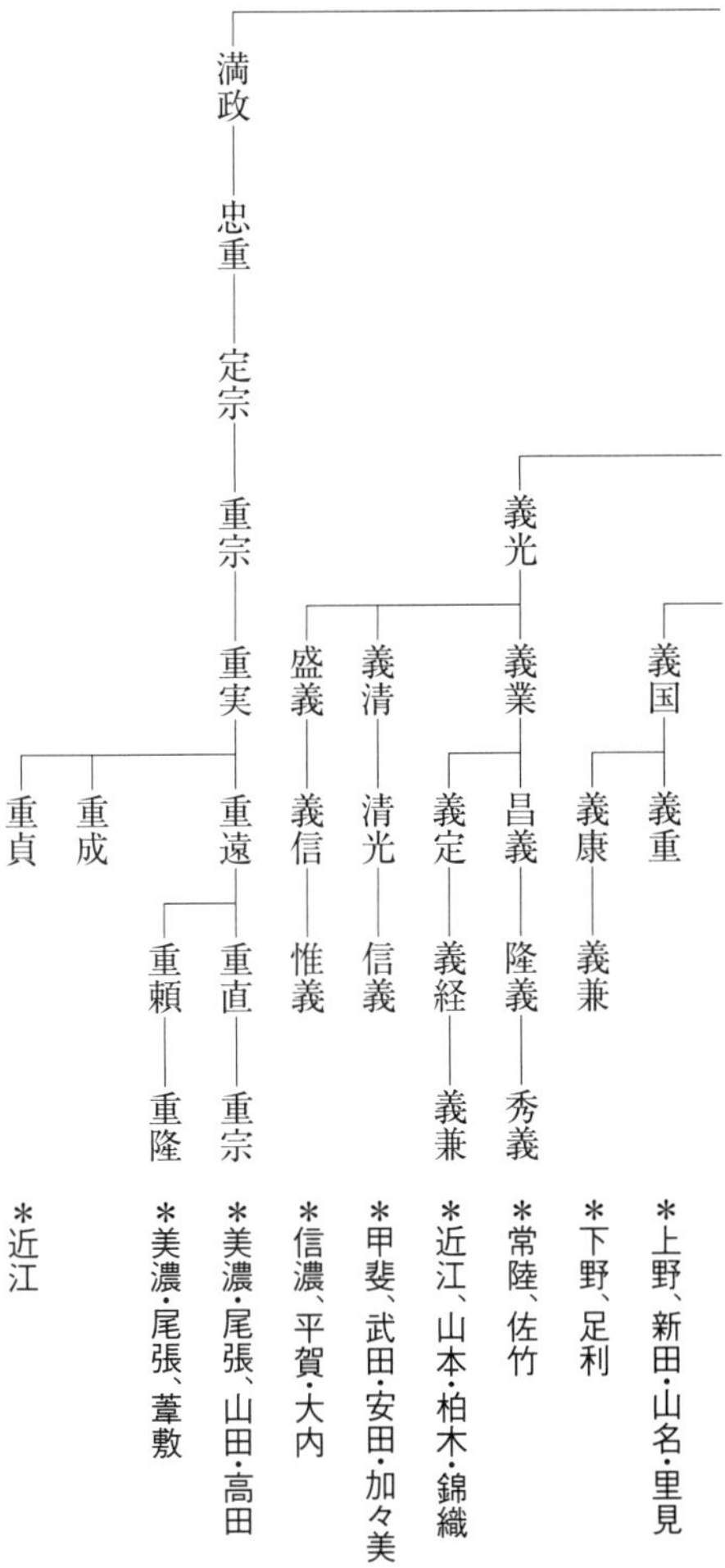
義国
義重
＊上野、新田・山名・里見
義康
義兼
＊下野、足利
義光
義業
昌義
隆義
秀義
＊常陸、佐竹
義定
義経
義兼
＊近江、山本・柏木・錦織
義清
清光
信義
＊甲斐、武田・安田・加々美
盛義
義信
惟義
＊信濃、平賀・大内
満政
忠重
定宗
重宗
重実
重遠
重直
重宗
＊美濃・尾張、山田・高田
重頼
重隆
＊美濃・尾張、葦敷
重成
重貞
＊近江

図4　桓武平氏系図（諸史料で異同があるが、『尊卑分脈』を基礎とし、髙橋昌明、二〇一一・野口実、二〇〇七を参照し補訂）

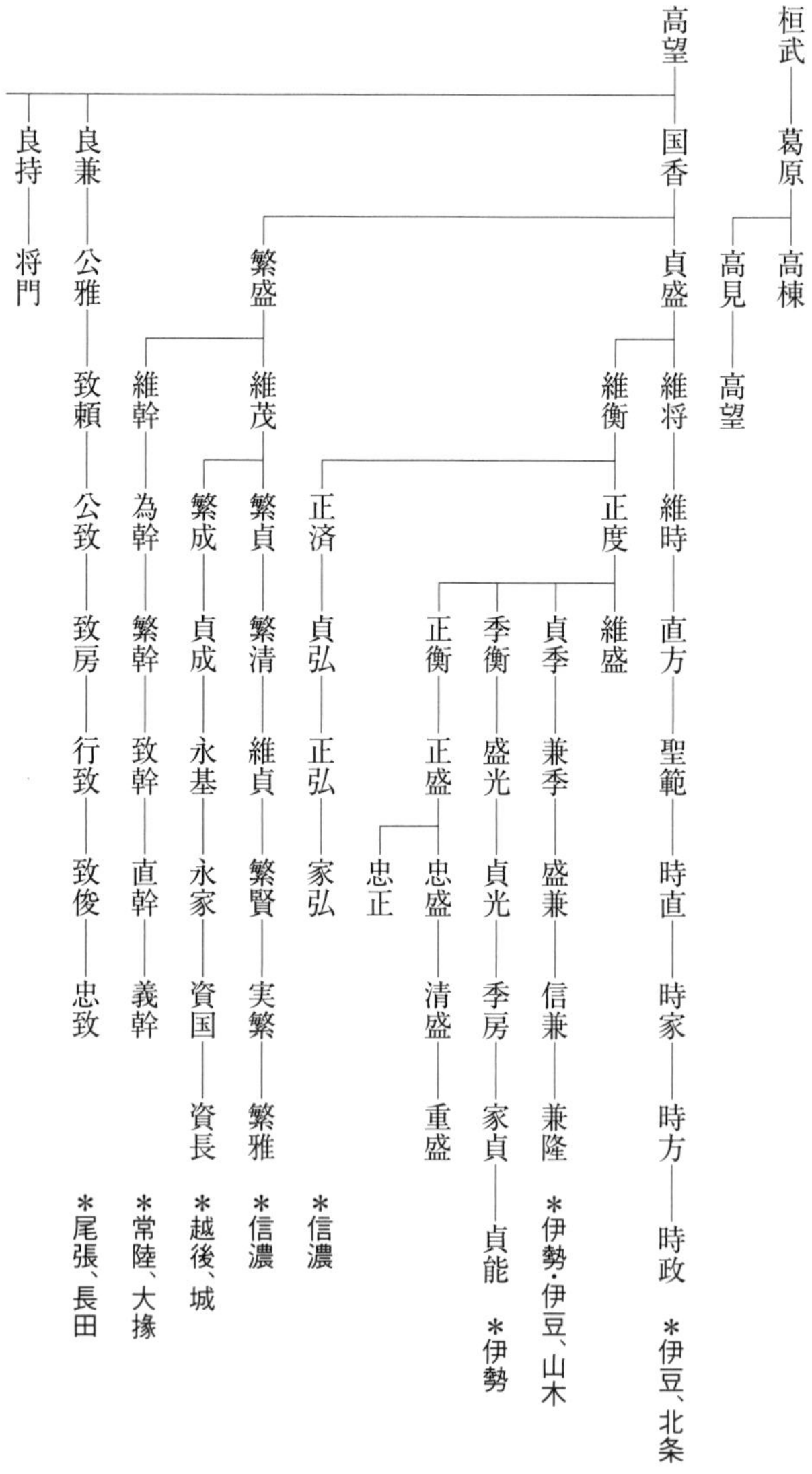

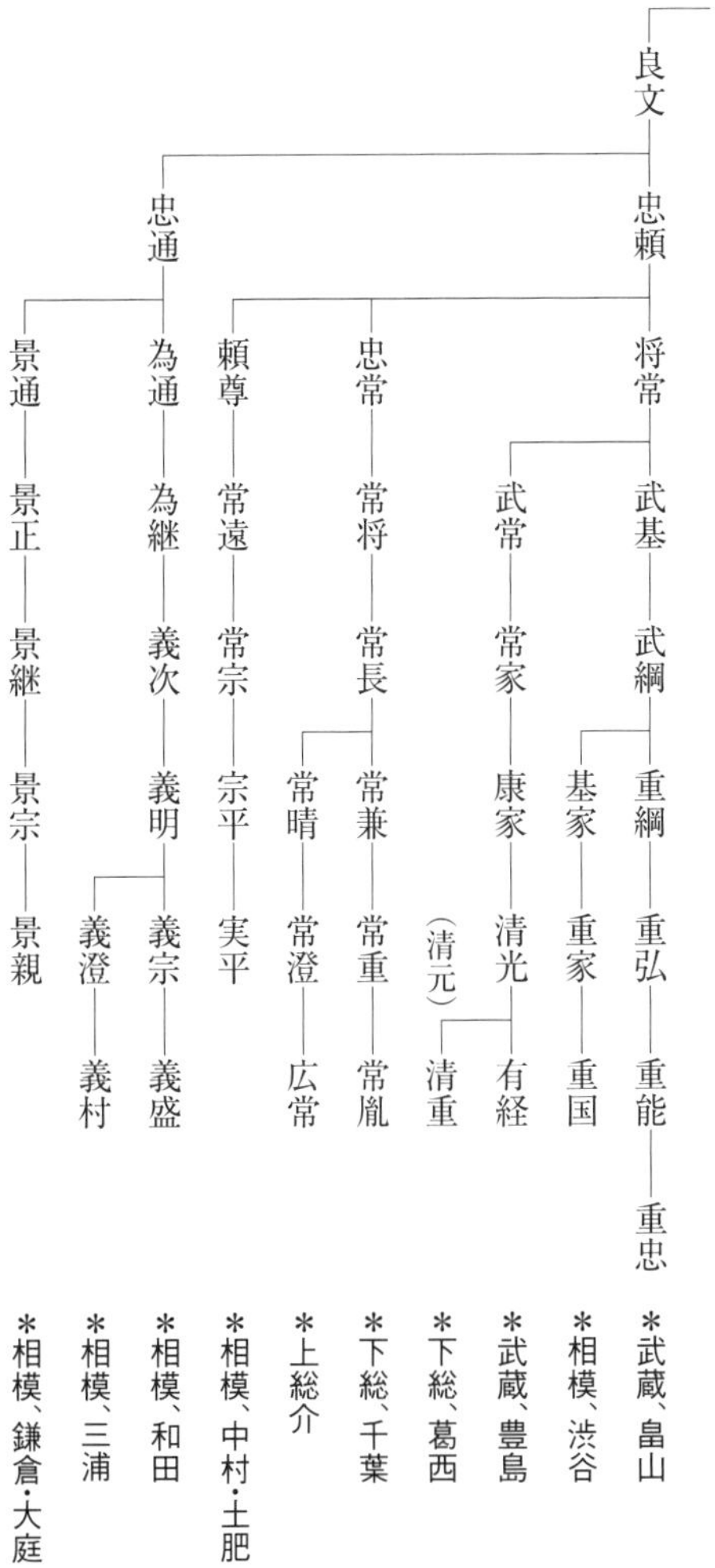
良文
忠頼
将常
武基
武綱
重綱
重弘
重能
重忠
*武蔵、畠山
基家
重家
重国
*相模、渋谷
武常
常家
康家
清光
有経
*武蔵、豊島
(清元)
清重
*下総、葛西
忠常
常将
常長
常兼
常重
常胤
*下総、千葉
常晴
常澄
広常
*上総介
頼尊
常遠
常宗
宗平
実平
*相模、中村・土肥
忠通
為通
為継
義次
義明
義宗
義盛
*相模、和田
義澄
義村
*相模、三浦
景通
景正
景継
景宗
景親
*相模、鎌倉・大庭

踏まえれば当然ともいえよう。

一二世紀に京の最上級の皇族・貴族および中級貴族と、東国の在地領主でもある武士との政治的結合が広がったことで、中央の政争が在地の武力とも関わりを持つようになる。武士が関係のある有力皇族や上級貴族の命をうけて動くことも、当時一般的であった。

かくして、長く大規模な合戦が起こらなかった京で一一五〇年代に保元《ほうげん》の乱・平治の乱が起こり、一一八〇年代には全国的な内乱が起こることとなる。当該期の東国を理解するためには、前提となる京の政治情勢を理解せねばならない。

以上のように、東国武士にとって京が重要な活動の場であり、皇族・貴族と接点を持つことや、京の王朝身分秩序内での官位上昇が重要だったとすると、平清盛や木曾義仲のように、京で武士の頂点に位置するというあり方が自然だったのではないか。彼らと同時代を生きた源頼朝が鎌倉に幕府を樹立したことこそ、むしろ特異なことだったとも考えられる。

本書では、こうした意識のもとで、ともに東国に進出した義朝と義賢、さらに治承・寿永内乱期に東国にとどまった頼朝と、京を目指した義仲という、清和源氏為義《ためよし》流の二世代を軸に、彼らをとりまく諸勢力の動向とあわせて、平安時代後期の政治史を描くこととしたい。

なお延慶本《えんぎょうぼん》『平家物語』は適宜『延慶本』と略す。『尊卑分脈《そんぴぶんみゃく》』は新訂増補国史大系を用い、例えばその◯篇△頁を『尊卑分脈』◯―△頁のごとく表記する。

前掲の清和源氏・桓武平氏の全体系図をはじめとして、本書にはいくつかの系図を掲載するが、長幼の順は厳密ではないことをお断りしておく。

一　義朝と義賢

1　源頼信・頼義・義家・為義と天皇家・摂関家

平安時代中期において桓武平氏・清和源氏の主流は、京の治安維持に従事する検非違使《けびいし》や、そこから昇進して諸国の守《かみ》・介《すけ》といった受領《ずりょう》をつとめた。彼らは受領として国を治めた功過（功労と過失。業績といってよい）を審査され、中央の有力貴族に富を献上した見返りもあって、国守《こくしゅ》に補任《ぶにん》されるということを繰り返し、私財を蓄えていた。これは当時の中級貴族たる受領の典型的なあり方であった。

源頼信と平忠常の乱

長元元年（一〇二八）六月、桓武平氏良文《よしふみ》流の忠常《ただつね》が安房守平維忠《これただ》を焼き殺し、やがて下総・上総に及ぶ反乱を起こした。八月に検非違使右衛門少尉《うえもんしょうじょう》平直方《なおかた》と検非違使右衛門少志《しょうさかん》中原成通《なかはらのなりみち》が追討使として派遣された。平直方の起用は、直方が仕える関白藤原頼《より》通《みち》の後押しによるらしい。翌長元二年二月には、直方の父維時《これとき》が上総介に補任されて、追討体制が整った。しかし、平直方は京に召喚され、この反乱を鎮めることができなかった。

そこで長元三年九月、平直方にかわって甲斐守源頼信《よりのぶ》（九六八～一〇四八）と坂東《ばんどう》諸国司に平忠常の追討が命ぜられた。『今昔物語集《こんじゃくものがたりしゅう》』巻二五―九には、源頼信が「常陸守」だったときに平忠常を臣従させたとある。『御堂関白記《みどうかんぱくき》』長和元年（一〇一二）閏十月二十三日条に「前常陸守頼信」が馬一〇疋を藤原道長に献じたとあるので、これ以前のことであろう。なお、常陸国と上総国・上野国は親王が守に補任される国（親王任国という）なので、頼信が帯した正式な官職は常陸介だったと考えられる。

こうした過去の主従関係もあって、長元四年四月、源頼信は戦わずして平忠常を降伏させた。頼信は捕らえた忠常を連れて京に戻ったが、忠常が病により六月に途中の美濃国で死去したため、頼信は忠常の首を従者に持たせて入京した。

忠常の子の常昌《つねまさ》（常将）はまだ在地にあって降伏していなかったが、さらなる追討使は派遣されなかった。武力を全面的に用いず、交渉によって朝廷と在地反乱勢力の双方の矛先を収めさせるという理

図5　平忠常の乱関係系図

高望王―┬―国香―貞盛―維将―維時―直方
　　　　└―良文―忠頼―忠常―常将

想的な紛争解決には、頼信の働きかけがあったと考えられている（野口実、二〇〇七）。

翌長元五年二月、源頼信は希望が叶い美濃守に遷る。母の墓所が美濃にあって菩提《ぼだい》を弔うためという名目であったが、真の理由は、頼信にしたがう者の多い坂東と京との往還に美濃が便利だからであった（『小右記《しょうゆうき》』長元四年九月十八日条）。

のち永承元年（一〇四六）、従四位上・河内守に至っていた頼信が河内国の誉田《こんだ》山陵に献じた「河内守源頼信告文案」（石清水田中家文書。『平安遺文』三―六四〇）には、「上野・常陸・美濃・伊勢・甲斐・河内」の国守を歴任した旨が記されている。朝廷に仕えて各国の受領を歴任する間に、在地武士との関係を構築し、それをうまく駆使して紛争を解決する姿がうかがえる。

武士の階層

清和源氏頼信流は、検非違使や五位程度の官位（受領など）に至る中級貴族の一員であった。本書では、こうした武士としては比較的高い階層の類型を軍事貴族と呼び、特に畿内近国を本拠として貴族政権に依存する度合が高い場合に京武者と呼ぶが（元木泰雄、一九九四）、彼らの比重は京にあった。

それに対して、桓武平氏忠常流や直方流は、それより一段下の六位程度の官位までしか昇進できない階層に位置していた。こうした武士を筆者は侍層武士と呼んでいるが、彼らの比重は在地所領での活動にあった。平忠常の子孫から下総国の千葉氏《ちばし》、上総国の上総氏《かずさし》があらわれ、平直方の子孫からは伊豆国の北条氏《ほうじようし》があらわれる。忠常の乱の経緯もあり、忠常・直方の子孫は中央での栄達は望めなかった。ただし、彼らが京とまったく無関係になったわけではなく、京の権門との結びつきはその後も持ち続けた。

京に比重を置くか在地に比重を置くかの違いはあるが、軍事貴族も侍層武士も京と在地の双方を基盤として活動していたのである。こうしたあり方は、桓武平氏の諸流や清和源氏の諸流においても同様であった。

源頼義と鎌倉・陸奥

南北朝時代の時宗《じしゆう》僧である由阿《ゆうあ》が著した『万葉集《まんようしゆう》』注釈書の『詞林采葉抄《しりんさいようしよう》』に、鎌倉と源氏との関わりの伝承が記される。すなわち、もとは桓武平氏貞盛《さだもり》の孫である上総介直方が鎌倉を屋敷としていたが、源頼義《よりよし》が相模守として下向したとき、直方の聟《むこ》となり、八幡太郎義家《はちまんたろうよしいえ》が生まれた。平直方から頼義が鎌倉を譲られて以来、同地は源氏相伝の地となったというのである。

のちに鎌倉幕府の最有力者となる北条氏が平直方の子孫を称していることから、鎌倉幕府の本拠地の由緒に平直方を位置付ける伝承が鎌倉時代以降に強調された可能性はあるが、鎌倉の地が平直方から源頼義に譲られたとする伝承自体は事実と考えられる。

図6　鎌倉と源氏の関連系図

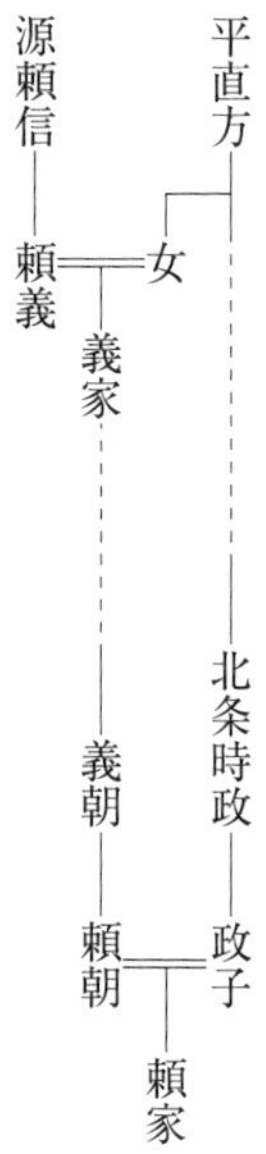

平忠常を降伏させた源頼信の子頼義（九八八～一〇七五）は、長元九年（一〇三六）十月十四日に相模守に在任していることが確認できる（『範国記《のりくにき》』）。源義家（一〇三九～一一〇六）は長暦三年（一〇三九）の生まれと計算できるので、源頼信が平忠常の乱を平定した後の一〇三〇年代に、源頼義が平直方の聟になったのであろう。

永承三年（一〇四八）四月に頼信が没した後、頼義とその子義家は、陸奥のいわゆる前九年合戦（一〇五一～六二）・後三年合戦（一〇八三～八七）で活躍した。

源頼義は陸奥守・鎮守府《ちんじゅふ》将軍に補任されて安倍頼時《あべのよりとき》・貞任《さだとう》と戦った。天喜五年（一〇五七）七月には安倍頼時が死去するが、頼義が同年十一月に安倍貞任に敗れた黄海《きのみ》の合戦では、佐伯経範《さえきのつねのり》・藤原景季《かげすえ》などの家人が死去し、生き残ったのは頼義と長男義家・藤原景《かげ》通《みち》・大宅光任《おおやのみつとう》・清原貞広《きよはらのさだひろ》・藤原範季《のりすえ》・藤原則明《のりあき》のわずか七騎となるまで追い込まれた（『陸奥話記《むつわき》』）。このなかには子孫が義朝・頼朝に仕える者もおり、佐伯経範は相模の波多《はた》野《の》氏《し》の祖（子孫は姻族の藤原氏秀郷《ひでさと》流を称する）、藤原氏利仁《としひと》流の景通・景季は伊勢の加藤《かとう》氏《し》の祖、藤原氏利仁流の則明は河内の後藤氏《ごとうし》の祖（子孫は藤原氏秀郷流との間で猶子《ゆうし》関係を結ぶ）である。

康平五年（一〇六二）八〜九月、頼義は出羽の清原武則《たけのり》率いる大軍の加勢を得て安倍貞任・藤原経清《つねきよ》を討った。頼義は、貞任追討の賞として康平六年二月二十七日に正四位下・伊予守に叙任され、同日に一男義家は出羽守、二男義綱《よしつな》は左衛門尉、清原武則は鎮守府将軍に補任された（『百練抄《ひやくれんしょう》』。『陸奥話記』は二月二十五日とする）。

図7 前九年・後三年合戦関連系図

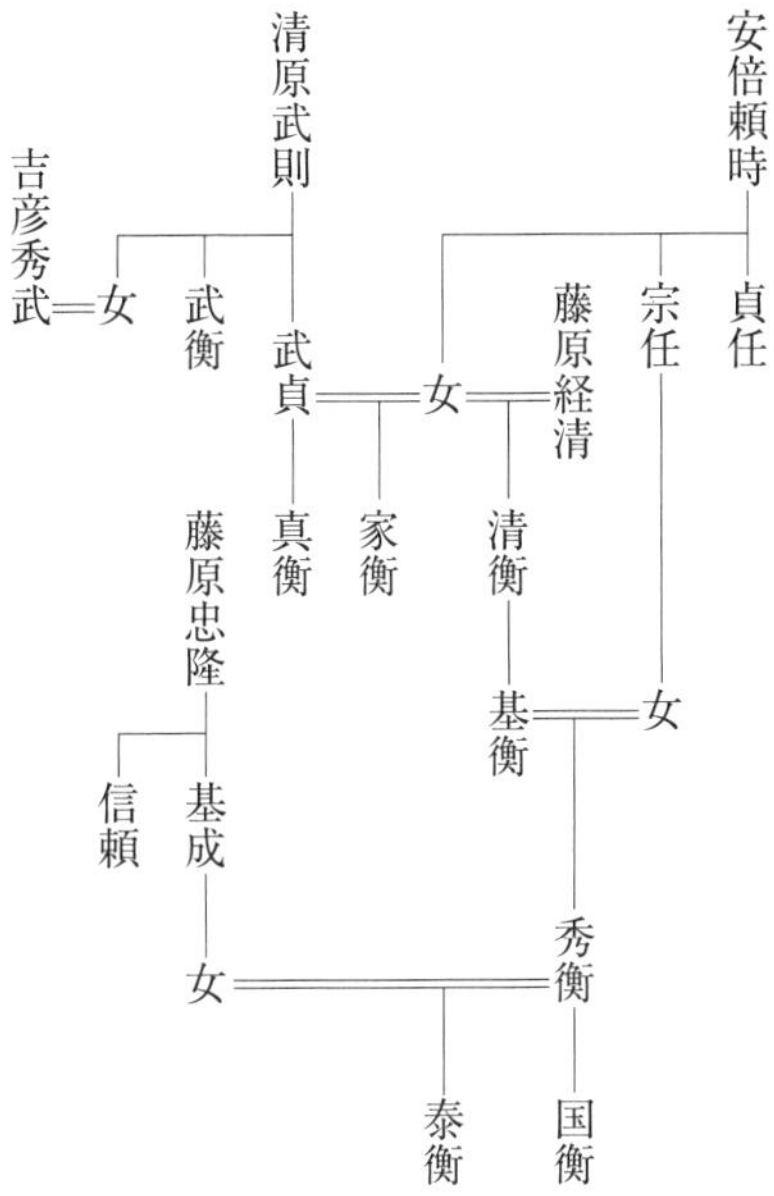

源義家と陸奥

承保二年（一〇七五）七月三日、頼義が没し（『水左記《すいさき》』）、鎌倉の地は義家が継承したらしい。生前の頼義は、康平六年（一〇六三）八月、相模国鎌倉の由比郷《ゆいごう》に石清水八幡宮《いわしみずはちまんぐう》を勧請《かんじょう》して源氏の氏神とした。この由比若宮は、永保元年（一〇八一）二

図8　鶴岡八幡宮（鎌倉市）

月に源義家が修復を加え、治承四年（一一八〇）十月に源頼朝が小林郷《こばやしごう》に遷座した（『吾妻鏡』治承四年十月十二日条）。頼朝の時代には由比若宮を下若宮と号し、小林郷の若宮がやがて鶴岡八幡宮《つるがおかはちまんぐう》となる。

義家は永保三年秋、陸奥守兼鎮守府将軍に補任されて陸奥に赴き、清原氏の内紛に介入した。寛治元年（一〇八七）十二月、義家は、弟の義光《よしみつ》や、陸奥の藤原清衡《きよひら》、出羽の吉彦秀《きみこのひで》武《たけ》の加勢を得て、出羽国金沢柵《かねざわのさく》（秋田県横手市）で清原武衡《たけひら》・家衡《いえひら》を討った。

このとき、義家の従者である一六歳の鎌倉権五郎景正《ごんごろうかげまさ》の右目に矢が刺さり、三浦平太郎《みうらへいたろう》為次《ためつぐ》（為継）が矢を抜こうと景正の顔を踏んだところ、景正が激怒したという話が伝わる

(『奥州後三年記』)。『尊卑分脈』によれば鎌倉景正は頼朝の時代に活躍する相模の大庭景《おおばかげ》親《ちか》・景義《かげよし》や梶原景時《かじわらかげとき》の祖とされ(系図により相違もある)、三浦為継は相模三浦氏の祖である。既述の「黄海の七騎落ち」と合わせて、こうした頼義・義家従者の勲功譚は頼朝の御家人となった子孫にとって曩祖《のうそ》の権威を裏付ける重要な説話であった。

義家は、この合戦を朝廷の命令による追討と位置付けようとし、合戦後に朝廷に追討官符の発給を要求した。しかし朝廷では私的な戦闘と判断して官符を下さず、恩賞の沙汰もなかった。むしろ義家は、受領の責務である税の京上ができず、翌寛治二年正月には陸奥守を解任されたのである。

のち永長元年(一〇九六)十二月に、義家に対して合戦の間の陸奥砂金未進が督促され、義家が完済したことが承徳二年(一〇九八)正月に確認された。義家は、同年四月には正四位下に叙され、十月には白河院の昇殿が許されている。

一一世紀段階の大規模軍事活動は、武名を有した中級貴族が近隣国の国司や鎮守府将軍として現地に赴任し、相対的な官位の高さにもとづいて現地勢力を率いて軍事活動を遂行するというあり方が基本であった。軍事活動を行っても、国司としての徴税・京上などの責務が免ぜられるわけではない。頼義・義家もこうした立場で陸奥に臨んだのであり、合戦を勝利に導いたのは出羽・陸奥の清原武則・吉彦秀武・藤原清衡といった現地勢力の軍勢であった。

頼義・義家に従った「非」現地勢力は畿内近国や相模国を本拠とする武士であり、頼義・義家が恒常的・組織的な主従関係を広範な東国武士との間に結んだわけではなかった。

源義家の死去と義親・義国・義光

この間、京では次のように天皇が代替わりし、政治体制もいわゆる摂関政治から院政へと変化していた。

・後冷泉《ごれいぜい》天皇（一〇二五年生まれ、在位一〇四五〜六八年四月没）
・後三条《ごさんじょう》天皇（一〇三四年生まれ、在位一〇六八年〜七二年十二月、一〇七三年五月没）
・白河天皇（一〇五三年生まれ、在位一〇七二年十二月〜八六年十一月、一一二九年七月没）

白河天皇は応徳三年（一〇八六）に譲位して院政を開始した。白河院政期には比叡山《ひえいざん》・園城寺《おんじょうじ》や南都《なんと》の強訴《ごうそ》が頻発し、より直接的に京や天皇・上皇を守護する武士の存在感が大きくなった。

義家も、例えば永保元年（一〇八一）九月に園城寺の悪僧を追捕し、十月には白河天皇の石清水八幡宮行幸や賀茂社《かもしゃ》行幸の警固に供奉《ぐぶ》し、十二月の春日社《かすがしゃ》行幸のさいは兵を率いて朱雀門《すざくもん》の西に候するなど、白河を支える武力と位置付けられていた。

図9 一条～後白河天皇関連系図

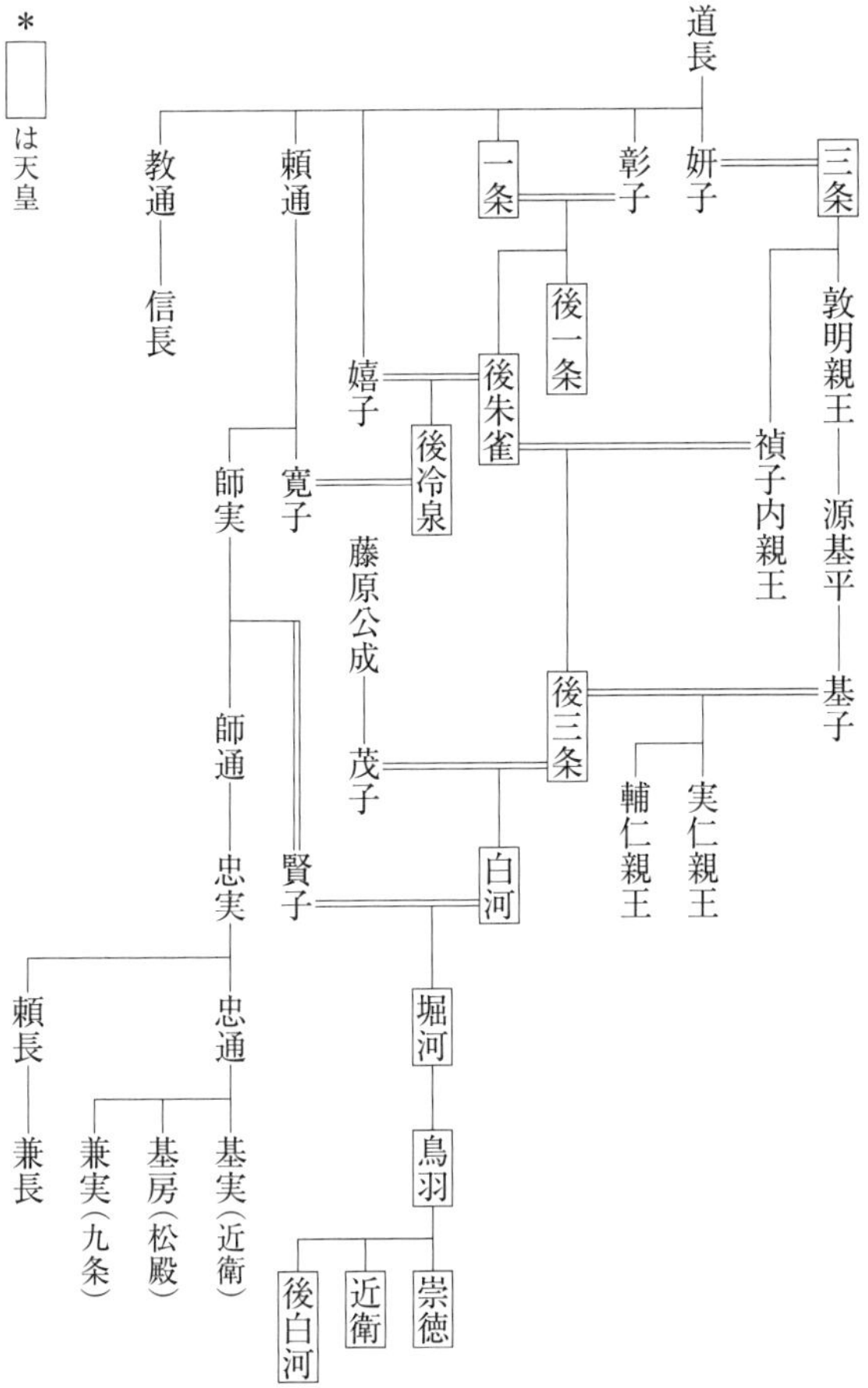

しかし、すでに義家の晩年から一族内に競合が生じており、朝廷にとっての問題行動も頻出していたために、義家の築いた政治的地位を子孫は大きく後退させた。

寛治五年（一〇九一）六月には、義家と義綱の兄弟が京で合戦を企てているとして、義家の兵が入京することを停止する宣旨《せんじ》が出された。

康和三年（一一〇一）七月には、対馬守の任にあった源義親《よしちか》（義家の男）が乱行に及び大宰府《だざいふ》の命にしたがわないとの訴えが大宰大弐《だいに》大江匡房《おおえのまさふさ》から届いた。義家の郎等《ろうどう》の藤原輔《すけ》通《みち》（資通）が追捕のために派遣されたが、翌四年二月には資通も義親にしたがって官使を殺害したため、十二月、朝廷は義親を隠岐国へ配流と定めた。しかし義親は出雲国に赴き、国守藤原家保《いえやす》の目代《もくだい》を殺害した。さらに近隣諸国にも同調する動きが及んだため、因幡守平正盛《まさもり》が追討使となり、天仁元年（一一〇八）正月に源義親を追討し京に凱旋した。

嘉承元年（一一〇六）六月には、常陸国で源義光・平重幹《しげもと》と源義国《よしくに》（義家の男）とが合戦に及んでいるため、朝廷は東国国司に源義光・平重幹らの党の召進《しょうしん》を命じ、義家に義国の召進を命じている。しかし義家はこの年七月に没した。藤原宗忠《むねただ》は、義家の死に際して「武威、天下に満つ、誠に是大将軍に足る者なり」（『中右記《ちゅうゆうき》』七月十六日条）と称した。

源義光は、寛治元年（一〇八七）に兄義家を助けるために陸奥に赴いて官職を解かれており、寛治六年には陸奥国菊多荘《きくたのしょう》（福島県いわき市）を獲得するなど、これ以前から陸奥に感心を示していた。義光の子孫からは、常陸の佐竹氏《さたけし》・武田氏《たけだし》（のち甲斐国に移住する）や信濃の平賀氏《ひらがし》が出る。

いっぽう、義国の子孫からは上野・下野の新田氏《にったし》・足利氏が出る（田中大喜、二〇一一）。平重幹の子孫からは常陸の大掾氏《だいじょうし》や越後平氏が出る。

源為義と白河院・鳥羽院

義家の没後も源氏の同族争いは続いた。天仁二年（一一〇九）二月には義親の弟義忠《よしただ》が暗殺された。この義忠暗殺の首謀者とされたのは叔父の源義綱であった。

若くして義家・義親・義忠の跡を継ぐこととなった源為義《ためよし》（一〇九六〜一一五六）は、天仁二年三月、義綱一族の追討に成功し、左衛門尉《さえもんのじょう》に補任された。さらに為義は、永久元年（一一一三）に皇位を狙う輔仁《すけひと》親王派が失脚する以前、源光信《みつのぶ》・藤原康清《やすきよ》とともに内裏《だいり》に宿直し、幼年の宗仁《むねひと》親王（のちの鳥羽《とば》天皇）を守護していたという（『愚管抄《ぐかんしょう》』巻四）。これらは白河院が積極的に為義を引き立てた結果といえ、保安四年（一一二三）に義朝を生んだ妻も、白河院近臣藤原忠清《ただきよ》の娘であった。

為義は、大治四年（一一二九）以前に検非違使となっており、同年の白河院死去後、鳥羽院政の下でも、京において強訴防禦や追捕といった軍事警察面で活躍している。源為義といえば、のちの保元の乱の結果から摂関家との関係のみが深かったと理解されがちであるが、当初は白河・鳥羽院との関係が深かったのである。

しかし、為義の郎等が殺害・窃盗などの事件を起こしたことに加えて、為義自身も複数の罪人を隠匿するなどの問題を起こした（米谷豊之祐、一九九三）。

いくつかの例をあげると、天永二年（一一一一）十一月には美濃で為義の郎従《ろうじゅう》が源明国《あきくに》と闘乱して切られた。永久二年（一一一四）八月には太政大臣《だいじょうだいじん》藤原信長《のぶなが》の後家が為義郎等の下野荘司二人（うち一人は「下野庄下司宗任」）を訴えている（『中右記』八月三日条）。同年八月十六日には上野国司が雑物の押し取りを訴えた藤原氏秀郷流足利氏の家綱をめぐって源為義と源義国が争い、為義は「我が郎等にあらず」と主張している（『中右記』）。

こうしたことが続き、為義に対する院や貴族の信頼も失われていった。これは為義の性格もさることながら、義家の死去、親族同士の殺害・追討という異常事態のなかで若くして家長となったため、郎等を十全に統制できなかったこと、それもあって新たな郎等の確保につとめていたことの表れであろう。

保延元年（一一三五）四月には、西海海賊追討使の候補に為義もあがったが選ばれず、平忠盛《ただもり》が追討使となって戦果をあげた。

これ以前、白河院が大治四年に没し、鳥羽院政期の大治五年までに、平正盛《まさもり》が討ったはずの源義親を名乗る人物が複数現れるという奇妙な展開となったが、いずれの義親も討たれ、清和源氏頼信流の復権には及んでいない。

源為義と摂関家

『尊卑分脈』三―二八九頁によれば、為義は保延二年（一一三六）十月に左衛門尉を辞官したといい、以後の一〇年間は無官であった。ただし、在京を基本とする検非違使の任を離れたことで、京以外の各地に赴き、各地の武士と関係を深めたようである。保延二年、為義は近江で、藤原忠実《ただざね》の舎人《とねり》である源行真《ゆきざね》を家人にしようとし、結果的に行真の男行正《ゆきまさ》が為義の郎等となっている（陽明文庫本『愚昧《ぐまい》記《き》』紙背文書。『平安遺文』六―二四六七）。この行真は、のちに有力御家人となる近江佐々《さ》木《さ》氏《き》の祖《し》と考えられている（上横手雅敬、一九八一）。

やがて為義は、荘園管理や興福寺《こうふくじ》悪僧の統制のために武力を必要としていた摂関家の藤原忠実に近侍するようになり、康治二年（一一四三）十月には忠実の子である頼長《よりなが》に名簿《みょうぶ》を提出して主従関係を締結した。為義は、摂関家の家産支配機構に依拠して自身の勢力を広げるとともに、東国に義朝、鎮西《ちんぜい》に為朝《ためとも》というように、子息を列島各地に進出させた

（野口実、二〇二二）。

為義自身は、久安年間（一一四五〜五一）に摂関家領に近接する摂津国の大物《だいもつ》に進出して鴨社《かもしゃ》から訴えられている（真福寺文書《しんぷくじ》）。ただし、藤原頼長は為義に厳しく統制を加える面もあり、仁平元年（一一五一）七月、頼長が派遣した源頼憲《よりのり》によって為義の「摂津旅亭」が焼かれている（『本朝世紀《ほんちょうせいき》』七月十六日条）。この源頼憲は摂津国多田《ただ》（兵庫県川西市）を本拠とし、頼長が侍所《さむらいどころ》の勾当《こうとう》・職事《しきじ》に任ずるなど重用していた。前年の久安六年（一一五〇）九月二十六日には、父忠実が忠通《ただみち》を義絶して朱器台盤《しゅきだいばん》などの什物《じゅうもつ》を接収するが、そのさいに御倉町《みくらまち》（京都市）を警固したのが為義であった（『台記《たいき》』）。忠実は頼長に朱器台盤と氏印を与えて氏長者としており、頼長がこの家督継承にともなって物流・交通拠点の強化という役目を為義から頼憲に替えたと考えられている（樋口健太郎、二〇一七）。

この間、為義は久安二年正月に左衛門大尉に還任してふたたび検非違使となり、久安六年に従五位下に叙された。しかし久寿元年（一一五四）十一月、息子の為朝が鎮西で濫行したため、ふたたび解官されたのである。その後、保元の乱（一一五六年）の頃まで為義に目立った活動は確認できなくなる。久寿二年五月には男頼賢が春日社の訴えによって左衛門尉を解官された。

一門に逆風が続くなかで、父為義から離れて活路を見出したのが義朝であった。

2 源義朝・義平と義賢・頼賢

源義朝の東国進出

源為義の男義朝は東国での勢力拡大を担った。

永治元年（一一四一）には義朝の子義平《よしひら》が誕生する。義平の母については、『平治物語』後出本や続群書類従《ぞくぐんしょるいじゅう》『清和源氏系図』に三浦義明《よしあき》の女とあるが、古態を示す『平治物語』や中世成立の三浦氏系図にそうした記述はなく、『尊卑分脈』には義平の母は橋本《はしもと》の遊女もしくは朝長《ともなが》同母とあることなどから、三浦義明女説に対しては疑念も呈されている（高橋秀樹、二〇一五）。義朝と三浦氏との姻戚関係がなかったにせよ、父為義が仕える摂関家との関係を背景として関東に下向した義朝は、摂関家領三崎荘《みさきのしょう》（神奈川県三浦市周辺）の荘官である三浦氏と連携して相模に勢力を扶植したものであろう。

源義平の乳母は武蔵の秩父重綱《ちちぶしげつな》の後妻（児玉経行女《こだまつねゆき》）がつとめた。

康治二年（一一四三）には、義朝と相模の波多野遠義《とおよし》女（義通妹）との間に朝長が生まれた。波多野荘も、建長五年（一二五三）十月二十一日「近衛家《このえけ》所領目録」（近衛家文書。

『鎌倉遺文』一〇―七六三一）にもと冷泉宮領と所見する摂関家領であった。

義朝はより直接的に所領をめぐる紛争に介入し、軍事行動にも関与している。下総国相馬御厨《そうまのみくりや》（千葉県北部・茨城県南部）は、大治五年（一一三〇）に千葉常重《ちばつねしげ》（経繁）の伊勢内宮《ないくう》への寄進が国司庁宣によって認められた荘園で、長承四年（一一三五）に常重から子常胤《つねたね》に地主職が譲られた。保延二年（一一三六）、下総守藤原親通《ちかみち》が公田官物《こうでんかんもつ》の未進を理由に千葉常重を召し籠め、常重・常胤から相馬郷・立花郷《たちばなごう》を親通に譲る旨の判を強要した。康治二年、義朝は上総常澄《つねずみ》の浮言（根拠のないうわさ）もあり、千葉常重から権利放棄の文書を責め取った。義朝は天養二年（一一四五）三月に同御厨を伊勢内宮に寄進して下司職《げしき》を獲得し、久安二年（一一四六）四月には千葉常胤が郡務を知行することを国司に認めさせた。常胤は同年八月にふたたび伊勢外宮《げくう》に相馬御厨を寄進した（櫟木《いちき》文書。『平安遺文』七―三一三九ほか）。藤原親通・源義朝・千葉常胤の権限の関係や現地の実態には不明瞭な点も多いが、義朝は、藤原親通からの一方的な抑圧を受けていた千葉父子の権益を部分的に保障したうえで自らの権益も確保している。

義朝は伊勢内宮領の相模国大庭御厨（神奈川県藤沢市）では、天養元年九・十月に軍勢を侵入させた。九月には相模守の目代の下知と称して、義朝の郎従の清大夫安行・新藤《しんとう》太《た》・庁官らが神社の供祭物を穢して大豆・小豆を刈るなどし、御厨側に死傷者を出した。さらに十月には、国衙《こくが》の田所《たどころ》目代源頼清《よりきよ》と在庁官人、そして義朝の名代の清大夫安行・三浦吉次《よしつぐ》（義継）・同吉明《よしあき》（義明）・中村宗平《なかむらむねひら》・和田助弘《わだすけひろ》ら所従千余騎が荘園停廃の宣旨を持っていると称して、御厨の範囲を示す牓示《ほうじ》を抜き、米を奪うなどし、御厨側に死傷者を出した。このとき御厨下司の平景宗《かげむね》は家中の私財雑物が押収されたが、この景宗は大庭景親・景義の父にあたる（大庭御厨古文書。『平安遺文』六―二五四八）。

大庭御厨は鎌倉に隣接しており、この頃までに義朝は鎌倉の館を伝領していたと考えられる。義朝の居所は鎌倉の亀谷《かめがやつ》にあった（『吾妻鏡』治承四年十月七日条）。また義朝は「上総曹司源義朝」と呼ばれているが、曹司《ぞうし》とは部屋住みをいい、上総常晴《つねはる》もしくはその子常澄のもとで養育されていたらしい。義朝は相馬御厨に関わる上総・千葉氏をしたがえるほか、相模では三浦・中村・和田といった武士を動員できるようになっていたのである。

その他、義朝は、源頼義が前九年合戦で朝恩として得た安房国丸《まろ》御厨《まるのみくりや》（千葉県南房総市）を伝領し、平治元年（一一五九）六月に頼朝の昇進を祈念して伊勢神宮に寄進している（『吾妻鏡』治承四年九月十一日条）。

図10　鳥羽院関係系図

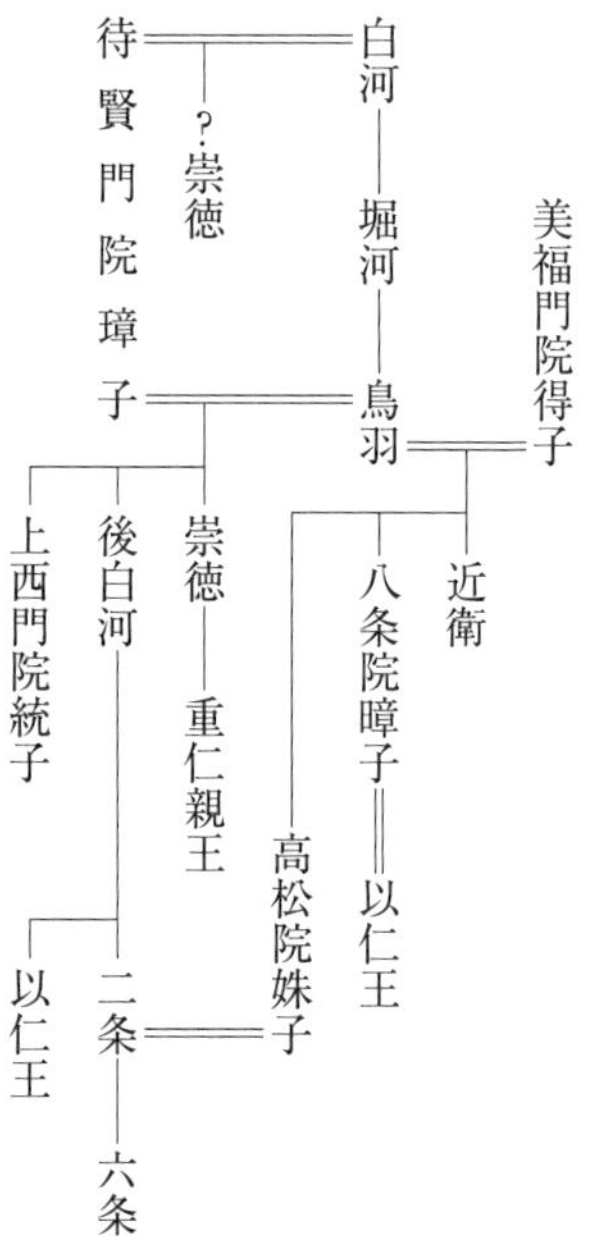

義朝の鳥羽院・美福門院への接近と義国流

義朝の東国での活躍は、遠隔地での勢力拡大に活路を見出した為義の企図に沿った動きだが、しかし長期的に京を離れて活動するのは一族内で庶兄に位置付けられたことを意味する。義朝は廃嫡というべき待遇に対する不満もあってか、藤原忠実・頼長に密着する父為義から離れ、鳥羽院・美福門院《びふくもんいん》に接近した。その甲斐あって仁平三年（一一五三）三月、義朝は従五位下に叙され、下野守に補任された。国守は、父為義が帯する検非違使より上位の官職である。この頃から義朝は在京し、息男の義平に東国での地歩をまかせた。

やがて鳥羽院・美福門院に連なる義朝と、摂関家に連なる為義とには競合も生じた。後述するように仁平三年夏には為義の男義賢が信濃・上野に進出する。そうした動きに対抗して、義朝と、北関東を本拠とする清和源氏義国流との提携が強まった。

図11 源義朝・義賢関係系図

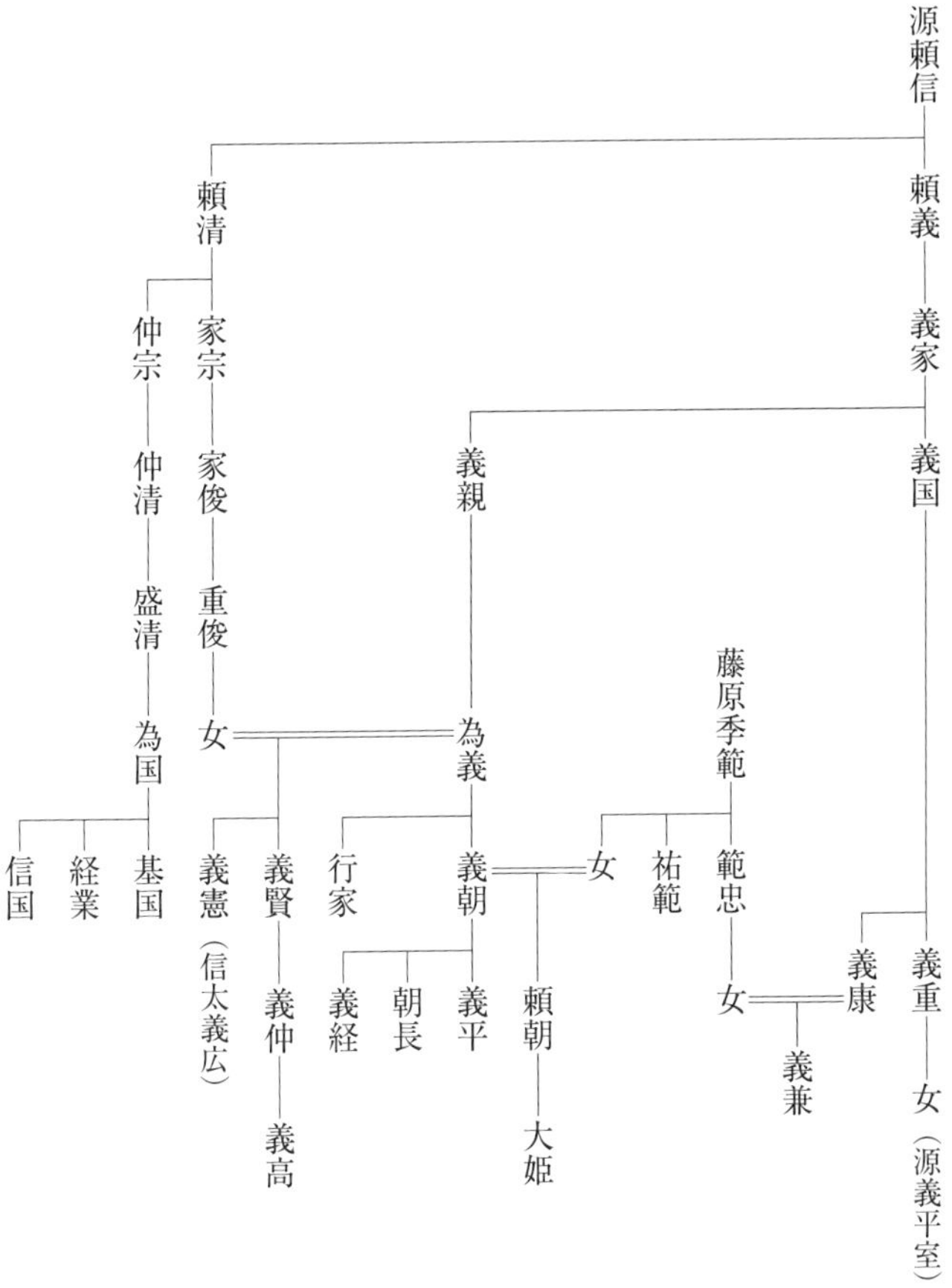

これ以前、源義国は久安六年（一一五〇）に京で右大将藤原実能《さねよし》と騒動を起こしたために勅勘を蒙り、下野国足利別業《べつぎょう》に籠居していた（『尊卑分脈』三―二三六頁）。義国の男義重《よししげ》は近接する上野国新田郡を開発し、のち藤原忠雅《ただまさ》に私領を寄進して新田荘（群馬県太田・伊勢崎・みどり市周辺）の立荘に関わり、保元二年（一一五七）三月に自らは下司職に補任されることとなる（正木《まさき》文書）。義重は娘を義平に嫁がせた。ちなみに義平の没から二〇年以上後の寿永元年（一一八二）、未亡人となっていたこの義重女に源頼朝が艶書《えんしょ》（恋文）を送ったが、義重が御台所《みだいどころ》（北条政子《まさこ》）の聞こえを憚って帥六郎に嫁がせ、頼朝の御気色を蒙るということが起こっている（『吾妻鏡』寿永元年七月十四日条）。義重の弟の義康《よしやす》は下野国足利に本領があり、藤原範忠《のりただ》女（源義朝室の姪）を室に迎える。義朝が数ある国守のなかから下野守に補任されたのも、こうした北関東での勢力増強を鳥羽院が認めたからであろう。

在京するようになった義朝は、義平の弟を積極的に京の権門に仕えさせた。

京の朝長と頼朝

義朝の子朝長（一一四四年生まれ）は母方の波多野一門の名字地である松田《まつだ》亭（神奈川県松田町）で養育されたが、若くして京で非蔵人《ひくろうど》となり、保元元年（一一五六）左兵衛尉《さひょうえのじょう》に補任される。朝長は保元四年二月には、鳥羽院の娘の姝子内親王（のち高松院《たかまついん》）の立后にともなう除目で中宮少進《しょうしん》に補任されるが、それ以前に従五位下に叙されている（『山槐《さんかい》記《き》』二月二十一日条）。

久安三年（一一四七）には、義朝と藤原季範《すえのり》女との間に頼朝が誕生した。藤原氏貞嗣《さだつぐ》流の季範は、尾張国熱田社《あつたしゃ》の大宮司をつとめていたが、主な居住地は京であったと考えられる。頼朝が生まれたのは、まだ父義朝が祖父為義の構想のもとで摂関家を背景に南関東で勢力を伸ばしていた頃のことであるが、この人的なつながりがのちに義朝・頼朝が後白河の側近となる素地であった。

藤原季範の子女は、頼長の室幸子の叔母にあたる待賢門院《たいけんもんいん》璋子とその子女の上西門院《じょうさいもんいん》統子や後白河院に仕える者が多い。待賢門院は久安元年に没していたが、頼朝も、保元三年二月に統子内親王が後白河天皇の准母として立后するさいに、一二歳で皇后宮権少進に補任され、保元四年二月に統子が上西門院の院号を宣下されると上西門院蔵人に補任された（『公卿補任』元暦二年）。

保元四年二月十九日の上西門院殿上始のさいに、頼朝は献盃《けんぱい》を勤めており、女院殿上《てんじょう》人《びと》となった平清盛も盃を受けている。このとき皇后宮職を経て上西門院の女院司となった者には、女院別当に徳大寺《とくだいじ》実定《さねさだ》・藤原信頼《のぶより》・藤原憲方《のりかた》・坊門信隆《ぼうもんのぶたか》・藤原実守《さねもり》、女院判官代《ほうがんだい》に吉田経房《よしだつねふさ》がいる（『山槐記』）。徳大寺実定は頼朝妹婿一条能保《いちじょうよしやす》の伯父で、のちに鎌倉幕府の侍所所司をつとめる梶原景時が仕えていた（『吾妻鏡』建久二年閏十二月二十五日条）。吉田経房はのちに関東申次《もうしつぎ》として朝幕の意思伝達にあたる。若き日の頼朝が上西門院と後白河天皇に近侍し、そこでの人脈が治承・寿永内乱期以降の朝幕交渉を進めるさいの人選でも考慮されたことがうかがえよう。

頼朝は同年三月には母の死により服解（喪に服すため一時的に官職を解くこと）となったが、六月には二条天皇の六位蔵人に補任される（『公卿補任』元暦二年）。

義朝の妻の出自としては藤原季範の家格がもっとも高く、頼朝は早くから嫡子として遇され、若年のうちから主要な皇族に近侍したのである。

源義賢の東国進出

当初、為義が京で後継者として育てようとしたのは義賢（一一二六〜五五）だった。義賢は、保延五年（一一三九）八月の体仁《なりひと》親王（のち近衛天皇）立太子のさいに春宮帯刀先生に補任されたと考えられ、帯刀試（帯刀舎人を選抜する実技試験）のさい、二射がともに命中して武芸の高名を施した。しかし、義賢もまた不祥事が目立ち、京での昇進は難しくなった。保延六年夏、帯刀先生源義賢は、滝口《たきぐち》源備《みなもとのそなう》を殺害した宮道惟則《みやじのこれきよ》を搦《から》めたが、犯人と心をあわせたため帯刀先生を解官された（『古今著聞集《ここんちょもんじゅう》』五〇二）。

義賢が帯刀先生として仕えた体仁親王の東宮傅《とうぐうふ》は、摂関家の藤原頼長であった。康治二年（一一四三）十一月二十五日、法橋《ほっきょう》信慶の罪あるにより、彼が頼長に寄進した能登荘《のとのしょう》が義賢に預けられている（『台記』）。義賢が頼長に近侍しているのは、父為義と歩調を合わせてのことであろう。なお、この「能登庄」は、能登国の某荘園ではなく、興福寺一乗院《いちじょういん》領の大和国能登荘（奈良県天理市）と思われる（「興福寺維摩会《ゆいまえ》不足米餅等定」〈大和興福寺文書。『鎌倉遺文』二〇—一五五九〇〉）。

久安三年（一一四七）六月四日には、年貢不済により、源義賢が預かる荘園は秦公春《はたのきみはる》に改められるが、こうした不手際がありながらも、義賢は遅くとも久安四年正月五日まで藤原頼長に近侍して在京していたことが確認できる（『台記』）。

藤原頼長派と美福門院・藤原忠通派の対立、彼らを後ろ楯とする父為義と兄義朝の対立を背景に、藤原頼長・源為義に近い義賢は東国に下向した。『延慶本』には、義賢が仁平三年（一一五三）夏頃から上野国多胡郡《たごぐん》（群馬県高崎・藤岡市周辺）に居住し、秩父重隆《しげたか》の養君になって武蔵国比企郡《ひきぐん》（埼玉県東松山・川越市周辺）に通ったとある。この年三月には

図12　秩父一族系図（落合義明、二〇一〇・清水亮、二〇一二を参照して作成）

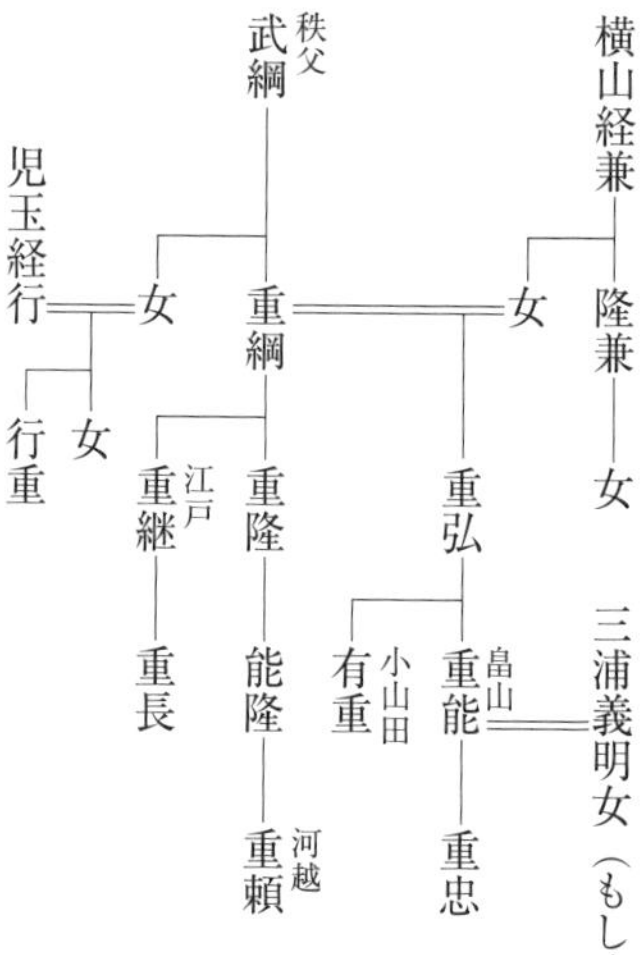

義朝が下野守に補任されており、それへの対抗とみられる。

注目されるのは、義賢の母方の血縁である。義賢の母方の祖父重俊《しげとし》は清和源氏頼清流の人物に比定される（『尊卑分脈』三—二〇二頁）。重俊自身の動向は未詳ながら、頼清流は信濃や上野に進出しており、義賢も母方縁者の庇護を受けて当地域に進出したと考えられる。

秩父一族と大蔵合戦

秩父一族のなかでも分裂が生じていた。秩父重隆は武蔵国留守所惣《るすどころそう》（総）検校職《けんぎょうしき》を帯し、武蔵国比企郡の大蔵《おおくら》（埼玉県嵐山町）を本拠地とする。重隆は、一門の畠山重能《はたけやましげよし》との間で家長の地位を争い、父重綱の後妻との関係も悪く、上野国の新田義重・藤姓足利俊綱《としつな》とも対立していた（『延慶本』第二中—十八）。

図13　大蔵館跡（嵐山町）

図14　源義賢墓（嵐山町）

こうした情勢のなかへ源義賢が下向して重隆と結ぶことで、重隆と競合する勢力が頼みとしたのが源義朝・義平の父子であった。

久寿二年（一一五五）八月、武蔵国大蔵館で、源義朝男義平が源義賢と秩父重隆を襲撃し、討つという事件が起こった。この大蔵合戦は、秩父一族内部の対立を前提として、中央の政治情勢を反映して起こったものであり、翌年に起こる保元の乱の前哨戦となった。

義賢の男で当時二歳の駒王丸《こまおうまる》は、義平方に属した畠山重能が助命し、斎藤実盛《さいとうさねもり》が信濃国木曾の中原兼遠《なかはらのかねとお》のもとに逃した。この駒王丸こそがのちの木曾義仲（一一五四〜八四）である。なお義仲の生年について、『吾妻鏡』寿永三年（一一八四）正月二十日条に当時三一歳とあるのにしたがえば一一五四年生まれとなり、『吾妻鏡』治承四年（一一八〇）九月七日条に父義賢が討たれた久寿二年に三歳とあるのにしたがえば一一五三年生まれとなる。原材料の記録を引用する形式の前者がより信頼できると考え、本書では一一五四年生まれ説を採用する。

二　源義朝と保元・平治の乱

1 保元の乱と東国武士——清和源氏義家流の分裂

源頼賢

為義の子のうち、義賢が東国を主たる活動地としたのちは、弟の頼賢《よりかた》（史料上「頼方」とも表記される）が在京して藤原忠実・頼長や鳥羽院に近侍し、官位を昇進させることとなる。頼賢は兄義賢と父子の契りを結んでいたといい（『台記』久寿二年十月十三日条）、不祥事ゆえに京での昇進が難しくなった義賢の子とすることで、頼賢に嫡流を継がせたのであろう。

頼賢は久安三年（一一四七）十二月二十一日に左兵衛少尉に補任され（『本朝世紀』）、やがて左衛門尉に昇進した。久安六年八月五日に興福寺僧徒と春日神人が神木を捧げて入洛したさいは、左衛門尉頼賢が鳥羽院の御所を守護している（『本朝世紀』）。

久安六年九月二十六日に藤原忠実が忠通を義絶したさい、頼賢と高階仲行《たかしなのなかゆき》・惟宗仲賢《これむねのなかかた》は忠実から忠通のもとにある朱器台盤などの什物の接収を命ぜられた。頼賢は、それらを納める倉の鎰《かぎ》が忠通の下家司《しもけいし》宅にあるのでいかがすべきかと忠実に相談し、鎖を破るよう指示されると、倉の近辺から旧鎰を見付けて解錠に成功している（『台記』）。忠実にとって頼賢は重要案件を任せるに足る家人だったことがうかがえる。

仁平三年（一一五三）六月五日には、頼賢が捕らえた犯人を検非違使源義康が奪取しようとして合戦に及ぼうとしたが、鳥羽院が禁制するということが起こっている（『本朝世紀』）。これは、上野国に進出した義賢と、下野国の義国流との緊張関係が京でも意識されていたからであろう。

また従来看過されてきたが、藤原重雄・尾上陽介によって紹介された東京大学史料編纂所所蔵（三条家旧蔵）『台記』仁平三年冬記によれば、頼賢は鳥羽院の下北面《げほくめん》（院に近侍し護衛などをつとめる役の者）であった。同十一月十三日条に、鳥羽院の御前で射芸を披露した下北面の一人として頼賢（「頼方」）が記される。頼賢は計二〇射のうち一二度命中しており、これは一二人の下北面のうち平惟繁《これしげ》・藤原仲清《なかきよ》に次ぐ三番目の精度であった。

仁平四年正月三十日、頼長の「家嫡」である兼長《かねなが》が春日祭上卿として南都に赴くさい、

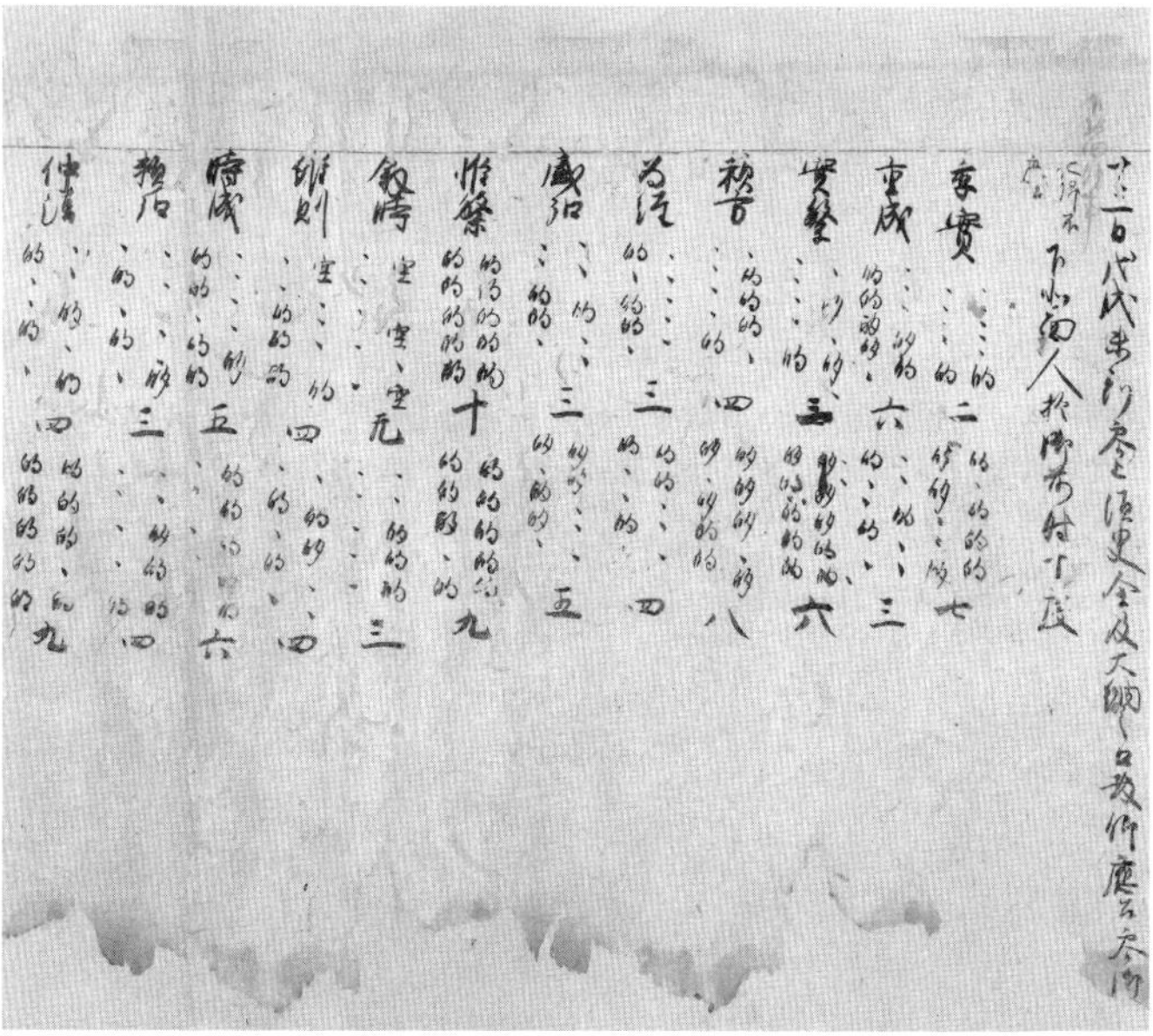

図15　『台記』仁平三年冬記11月13日条（東京大学史料編纂所所蔵）

頼賢も六位の一人として行列に供奉している。二月二日に南都からの帰路の綺《かばた》河原《かわら》で笠懸《かさがけ》を行ったさいには、為義の郎等三〇騎が先に渡って郎等の前武者所家久《いえひさ》が笠懸を射たことや、為義・頼賢はじめ供奉の者の装束が詳細に記載されており、頼賢が為義の後継者として摂関家に仕えていたことがうかがえる（『兵範記《ひょうはんき》』）。

しかし久寿二年（一一五五）五月十五日、頼賢は春日社の訴えにより左衛門尉を解官された（『台記』）。同年八月に大蔵合戦で義賢が討たれると、頼賢はその仇に報いるため信濃国に赴き、同国の鳥羽院領に侵入した。十月に義朝は頼賢追討の院宣をうけて信濃国に発向したが、合戦には至らなかったらしい(『台記』十月十三日条)。

同年十二月に高陽院《かやのいん》泰子(鳥羽天皇皇后・藤原忠実女)が没したさい、頼賢は女院侍の一人として素服《そふく》を着している(『兵範記』『本朝世紀』十二月十七日条)。

天皇家の内紛

京では、天皇家と摂関家それぞれが内紛を抱えていた。

まず天皇家の内部問題を整理しておこう。大治四年(一一二九)七月、長期にわたり院政をしいた白河院が死去すると、かわって治天の君となった鳥羽院は、白河とは異なる政治路線を押し進めた。その一つが皇位の変更である。白河院政期の保安四年(一一二三)に崇徳《すとく》天皇が践祚《せんそ》していたが、鳥羽は永治元年(一一四一)十二月に崇徳を退位させて、寵愛する美福門院所生の体仁親王を践祚させた。わずか三歳の近衛天皇である。

しかし、鳥羽院最愛の近衛天皇は久寿二年(一一五五)七月に没してしまう。ここで鳥羽は、美福門院の猶子である守仁《もりひと》(のちの二条天皇)の践祚を見越して、その父の雅仁《まさひと》を践祚させた(後白河天皇)。かつて強引に退位させられた崇徳院は、皇子重仁《しげひと》が践祚すれば父院として院政をしくことができたが、ここにその希望は潰えたのである。崇徳が深く

図16　天皇家・摂関家系図

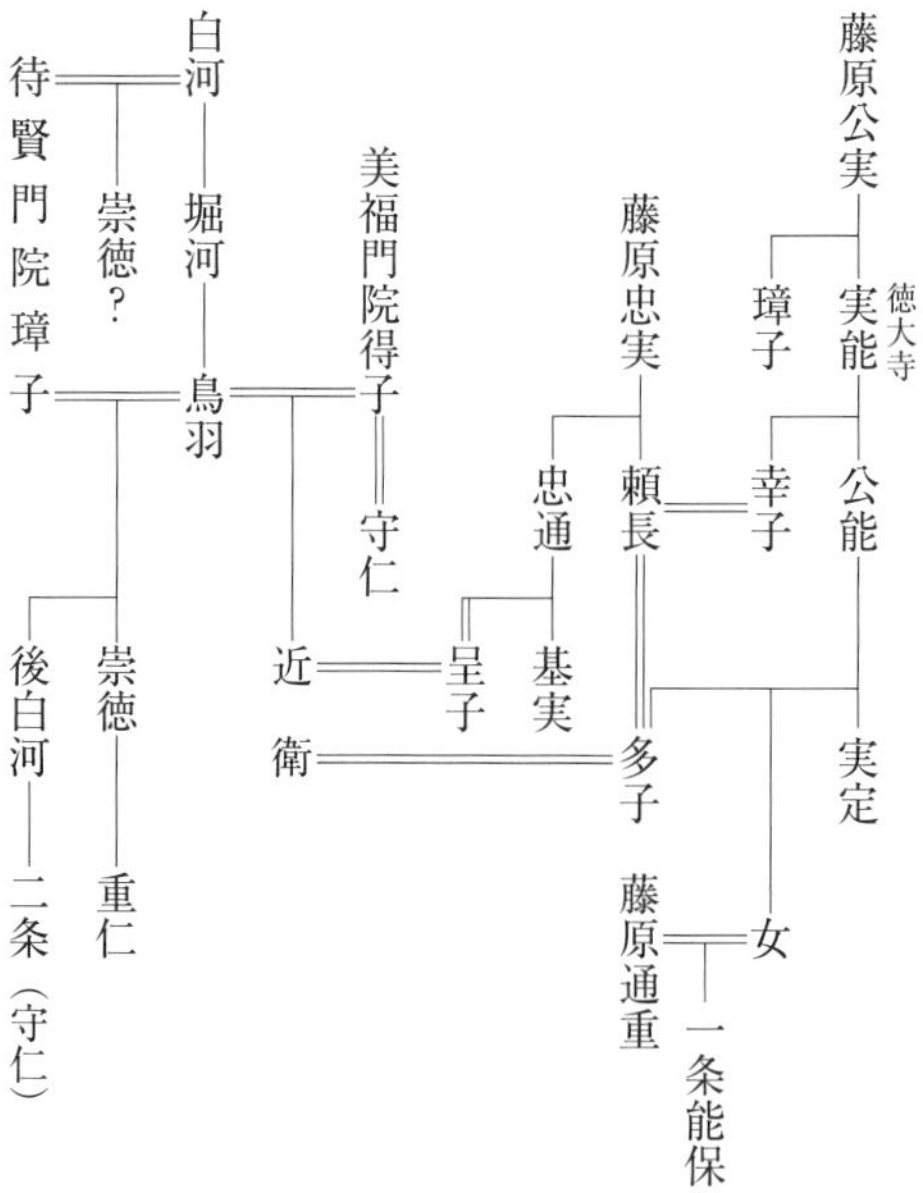

恨みに思ったことはいうまでもない。

摂関家の内紛

一方、摂関家では、関白藤原忠通と、その父忠実・弟頼長とが対立していた。

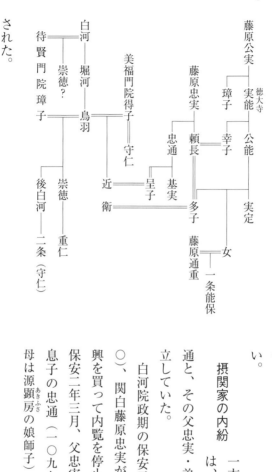

白河院政期の保安元年（一一二〇）、関白藤原忠実が白河院の不興を買って内覧を停止された。翌保安二年三月、父忠実にかわって息子の忠通（一〇九七年生まれ。母は源顕房《あきふさ》の娘師子）が関白に補された。

忠実は、大治四年（一一二九）に白河が没して鳥羽院政が始まると政界に復帰した。忠実は二男頼長（一一二〇年生まれ。母は家司藤原盛実《もりざね》の娘）を鍾愛し、将来の家門継承を見越して、天治二年（一一二五）四月に頼長を忠通の猶子とした。しかし、康治二年（一一四三）、忠通に男子（基実《もとざね》）が生まれると、忠通は基実に家門を譲ることを希望し、忠実・頼長との間に微妙な対立関係が生じることになる。

久安六年（一一五〇）には頼長の養女多子《まさるこ》と忠通の養女呈子がともに近衛天皇に入内《じゅだい》している。同年九月には、忠実が忠通に執政の座を頼長に譲るよう命じたが、忠通が拒否すると、忠実は源為義らに命じて東三条殿や朱器台盤を接収、頼長を氏長者として荘園などの家産を与え、忠通を義絶した。

久安七年正月、頼長は内覧の宣旨を賜って実質的に関白と同様の職務にあたる権限を得た。しかし久寿二年（一一五五）七月二十三日に近衛天皇が死去した。藤原頼長は、関東の大蔵合戦の情報を得た同日、次のような話を日記に記している。何者かが愛宕山《あたごやま》の天狗の目に釘を打って近衛を呪詛した、美福門院と藤原忠通は父忠実と弟頼長を疑っており、鳥羽院が忠実・頼長をにくんでいる、と（『台記』八月二十七日条）。鳥羽院が呪詛の噂を信じた結果、忠実・頼長は失脚した。

やがて保元元年（一一五六）七月二日に鳥羽法皇が世を去ると、藤原忠通と美福門院は信西《しんぜい》らと結束して後白河天皇を推戴し、崇徳上皇と藤原忠実・頼長に圧力をかけたのである。

保元元年七月、京で、後白河天皇・藤原忠通方と崇徳上皇・藤原頼長方との合戦が勃発した。そこで活躍したのが源平の武士である。京を舞台に大規模な合戦が起こったのは初めてのことであった。その衝撃を伝えるのが、摂関家出身の天台座主《てんだいざす》慈円《じえん》が『愚管抄』のなかで記した次の一節である。

保元元年七月二日、鳥羽院ウセサセ給テ後、日本国ノ乱逆ト云コトハヲコリテ後、ムサノ世ニナリニケルナリ。

慈円が『愚管抄』を著したのは承久年間（一二一九～一二二二）頃であり、慈円が自らの生きた時代を「ムサ（武者）ノ世」と呼んださいには、鎌倉幕府の存在が念頭にあったに違いない。もちろん鎌倉幕府の成立も天皇家・摂関家を中心とする公家政権にとっては大きな出来事であったが、慈円はこの保元の乱こそが鎌倉幕府を含む「武者の世」の起点と考えていたのである。

藤原忠通に仕えた平信範《のぶのり》の日記『兵範記』によれば、後白河天皇方は、すでに六月一日から鳥羽法皇の院宣によって源義朝・源義康に後白河の里内裏《さとだいり》高松殿を守護させ、源光《みつ》保《やす》・平盛兼《もりかね》以下源平の輩を鳥羽殿に祇候させていた。

さらに鳥羽没後の七月五日には、崇徳と頼長が挙兵を企んでいるとして京中の警戒を強め、七月六日には平基盛《もともり》が、頼長の家人である大和の源親治《ちかはる》を追捕した。七月八日には、諸国司に綸旨を発して忠実・頼長が荘園から軍兵を催すのを停止させ、源義朝に命じて頼長の東三条殿を没官した。

七月十日、崇徳上皇は白河北殿に軍兵を集めた。平家弘《いえひろ》・康弘《やすひろ》・盛弘《もりひろ》・時弘《ときひろ》、時盛《ときもり》・長《なが》盛《もり》、源為国《ためくに》、そして源為義・頼賢・為朝・為仲《ためなか》が参じた。さらに頼長も宇治《うじ》から合流し、平忠正《ただまさ》、源頼憲が軍勢を率いてきた。

図17　近衛天皇陵（安楽寿院南陵）

これに対して高松殿の後白河天皇方も武士を集めた。すでに源義朝、源義康が祇候しており、さらに平清盛、源頼政《よりまさ》、源重成《しげなり》、源季実《すえざね》、平信《のぶ》兼《かね》、平惟繁も参内した。

七月十一日の早朝、後白河天皇方の平清盛が三百余騎、源義朝が二百余騎、源義康が百余騎をそれぞれ率いて白河北殿に発向、さらに後白河が東三条殿に遷幸する間に源頼政、源重成、平信兼らも発向した。辰の刻（午前八時頃）に白河殿から崇徳・頼長が脱出し、合戦は後白河天皇方の勝利に終わった。

それから数日のうちに、崇徳上皇方に属した源為義・平忠正・平家弘など多くの者が斬首されることとなったのである。

保元の乱において、天皇家・摂関家の分裂は、彼らに祗候していた源氏・平氏の一族にも分裂をもたらした。それは巨視的にみれば、当時の貴族がなお武士以上の政治的地位を占めていたことの表れといえる。

源義朝と東国武士

鳥羽法皇に近侍していた武士の多くは、鳥羽の遺志を継いだ（と主張する）美福門院・後白河に従った。また、後白河天皇は君主として公的に武力を動員できる立場であり、ゆえに後白河天皇方に属した武士が多かった。後白河天皇方の主力は、最初に発向した清盛・義朝・義康であろう。彼らの率いた軍勢数から、平清盛が在京武力の第一人者であり、それに次ぐのが源義朝、その次が源義康だったと考えられよう。

平清盛が保元の乱で率いた軍勢は、『保元物語』によれば伊勢・伊賀・山城・河内・備前・備中の武士であった。

いっぽう、義朝が率いた軍勢は東国武士が多かった。『保元物語』には表1記載の名が列挙されている。

多くの武蔵武士が義朝方に参じているのは、当時武蔵守に在任していた藤原信頼の後援もあったと考えられる。

源為義一門　崇徳上皇方の源為義は、内裏への先制攻撃を主張したが容《い》れられなかった。敗戦ののち義朝を頼って自首したが許されず、七月三十日、子の頼賢・頼《より》仲《なか》・為成《ためなり》・為宗《ためむね》・為仲とともに船岡《ふなおか》（京都市）で義朝に斬られた。

親や兄弟に対して処刑の手を下すというのは実に残酷なことであるが、中世には闕所地《けつしょち》（罪人などから没収して知行者不在となった土地）は一族に優先的に給与されるという法慣習があったため（笠松宏至、一九七九）、為義たちの所領を他の氏族ではなく義朝が確実に継承するために必要な手続きという面もあったのだろう。

為朝は、父や兄が斬首されたのちも逃亡していたが、八月二十六日に近江国坂田《さかた》（滋賀県米原市）の辺りで満政《みつまさ》流源重貞《しげさだ》に捕らえられた（『兵範記』）。為朝は伊豆大島に流されたが、そこから鬼栖島に渡るなど悪行を働いたため、安元三年（一一七七）三月、工藤介《くどうのすけ》

表1　『保元物語』にみる源義朝の軍勢

底　本	金刀比羅宮所蔵本	半井本
刊　本	日本古典文学大系94頁	新日本古典文学大系41頁
	鎌田次郎政清 河内源太朝清	〃 川原ノ源太
近江国	佐々木源三 矢嶋冠者	佐々木ノ三郎秀義 八島冠者
美濃国	吉野太郎 平野平太	吉太郎 平野ノ平太
尾張国	(熱田大宮司の) 家の子郎等	(熱田ノ大宮司の) 家子郎等
三河国	設楽兵藤武者	設楽ノ兵藤武士
遠江国	横地 勝田 井八郎	横路 勝間田 井ノ八郎
駿河国	入江右馬允 藁科十郎 奥津四郎 蒲原五郎	入江ノ右馬允 三郎 奥州ノ十郎 奥津ノ四郎
伊豆国	藤四郎 同五郎	
相模国	大庭平太 同三郎 山内刑部丞 子息滝口 海老名源八 波多野小二郎	大庭平太景義 同三郎景親 山内須藤刑部丞俊道 子息須藤滝口俊綱 海老名ノ源太季定 波多野次郎吉道
安房国	安西	〃

	金鞠	金摩利
	沼平太	沼ノ平太
	丸太郎	〃
上総国	介八郎	介八郎広経
下総国	千葉介常胤	〃
武蔵国	豊嶋四郎	豊島ノ四郎
		安達四郎遠光
	中条新五	中条ノ新五
	新六	〃
	成田太郎	〃
	筥田次郎	箱田ノ次郎
		川上太郎
	河内太郎	
	別府二郎	別府ノ次郎
	奈良三郎	奈良ノ三郎
	玉井四郎	玉井ノ四郎
	長井斉藤別当	長井斎藤別当真守
	同三郎	〃
		源五二郎
		熊谷ノ次郎直実
	丹治成清	
	榛沢丹六	榛沢六郎成清
・児玉	庄太郎	〃
		同次郎
	同三郎	
	秩父武者	〃
	粟飯原太郎	粟飯原
・猪俣	岡部六弥太	岡部ノ六郎
	金平六	近平六
	河句三郎	河匂三郎
	手薄加七郎	手墓ノ七郎
・村山	金子十郎	金子十郎家忠

	山口六郎	〃
	仙波七郎	仙波ノ七郎
・西	日次悪次	横山ニハ悪二
	平山	平山六二
・高家	河越	〃
	諸岡	〃
上野国	瀬下四郎	瀬下ノ四郎
	物射五郎	物射ノ五郎
	岡下介	岡下ノ介
	那波太郎	那波ノ太郎
下野国	八田四郎	〃
		足利太郎
常陸国	中郡三郎	中宮三郎
	関次郎	〃
甲斐国	志保見五郎	志保見ノ五郎
	同六郎	〃
信濃国	舞田	〃
	近藤武者	〃
	桑原安藤二	桑原ノ安藤二
	安藤三	〃
	木曾仲太	木曾中太
	弥中太	〃
	根井大弥太	下根ノ井ノ太野太
	根津神平	根津ノ新平
	熊坂四郎	熊坂ノ四郎
	志津間小二郎	志津摩ノ太郎
		同小次郎

左列と同表記の場合は「〃」とした．半井本の人名表記には，底本の片仮名書きを新日本古典文学大系が適宜漢字にしたものが含まれる．

茂光《もちみつ》が為朝を追討し、その首は京の獄門に梟されたと伝わる（『尊卑分脈』三―二九二頁。『保元物語』は嘉応二年〈一一七〇〉のこととする）。

平清盛の立場

既述の通り、保元の乱で勝利した後白河天皇方で最大の軍勢を率いたのは平清盛であった。清盛に至るこの一門の経緯を概観しておこう。

白河・鳥羽院政期、清盛の父祖桓武平氏正衡《まさひら》流は、清和源氏義家流の衰勢に対して躍進を遂げた。振り返れば、天仁元年（一一〇八）の平正盛による源義親追討は、清和源氏義家流と桓武平氏正衡流の立場を逆転させる契機となった。武士の第一人者となった正盛は、引き続き強訴防禦や盗賊追捕などの軍事警察面で活躍した。そのいっぽうで正盛は、白河院のために私財を投じて堂舎を造営するなど経済面でも奉仕し、着々と政治的地位を上昇させた。

正盛の息子忠盛も白河院に近侍し、大治四年（一一二九）七月に白河が没したのちは、鳥羽院にも近侍して、父と同様に軍事警察面や経済面で奉仕した。保延元年（一一三五）四月には、平忠盛が西海海賊追討の宣旨を与えられ、八月に賊首・生虜を連れて上洛した。四月の追討使選定のさいには源為義も候補にあがっていたが、貴族多数の忠盛支持もあり、鳥羽院が忠盛を選んだのであった。

忠盛は仁平三年（一一五三）に没するが、内昇殿《ないしょうでん》を許され、播磨守や内蔵頭《くらのかみ》などの重職に補任され、正四位上に至るなど、公卿昇進は目前であった（髙橋昌明、二〇一一）。忠盛の息子清盛も、有力な院近臣と同等の昇進速度で保元元年までに正四位下・安芸守に至っている。

平忠盛と源為義とは同い年（一〇九六年生まれ）であり、平清盛（一一一八年生まれ）と源義朝（一一二三年生まれ）とはわずか五歳差であるが、保元の乱の時点で為義・義朝は従五位下にすぎず、政治的地位では平氏がはるかに格上だったのである。

以上のように平氏の躍進は白河院・鳥羽院への近侍によるものであったが、鳥羽院の没後、最大の武力を有した平清盛は、天皇家・摂関家の誰とも密着しておらず、保元の乱では勝敗の行方を見極めて後白河天皇方に参じた。

忠盛一族は崇徳上皇との関係も構築しており、保元の乱のさい、忠盛の弟忠正は崇徳上皇方に属した。忠盛の後家宗子（池禅尼《いけのぜんに》）は崇徳の皇子重仁親王の乳母だったが、崇徳方の敗北を予想して息子頼盛《よりもり》に清盛にしたがうよう命じた。乱は清盛・頼盛の属した後白河天皇方の勝利に終わった。七月二十八日、忠正（名を「忠貞」に変えられた）とその子・郎等は清盛により六波羅で斬罪に処された（『兵範記』）。

2 藤原信頼と源義朝――平治の乱の一前提

藤原信頼の躍進

藤原道長の兄道隆《みちたか》は関白に至ったが早くに没し、その男伊周《これちか》は道長との宮廷闘争に敗れて失脚した。道隆の子のうち、寛仁三年（一〇一九）の刀伊《とい》の入寇《にゅうこう》を防いだことで知られる大宰権帥《だざいのごんのそち》藤原隆家《たかいえ》の子孫には、後鳥羽院政期に躍進する坊門家など、受領を歴任して院を財政的に支える院近臣家が複数出た。平治の乱の中心人物となる藤原信頼（一一三三～五九）も、この道隆流の貴族である。

久寿二年（一一五五）大蔵合戦が起こったとき、武蔵守に在任していた藤原信頼が処分を下した形跡がなく、武蔵に進出していた義朝・義平の行動を信頼は黙認したとみてよい。信頼は、鳥羽院政期には特段目立った存在ではなかったが、保元の乱で武士の存在感が飛躍的に高まるなかで、乱以前から源義朝と接点を有していたことが信頼の切り札となった。

本来皇位に就くことが予定されていなかった後白河が、独自の近臣を育成しようとした結果、義朝という切り札を持つ信頼が重用され、乱後に急激な躍進をとげたのである。藤原信頼の保元元年（一一五六）以前の動向はほとんどわからないが、保元二年三月に右中

図18　藤原氏道隆流系図

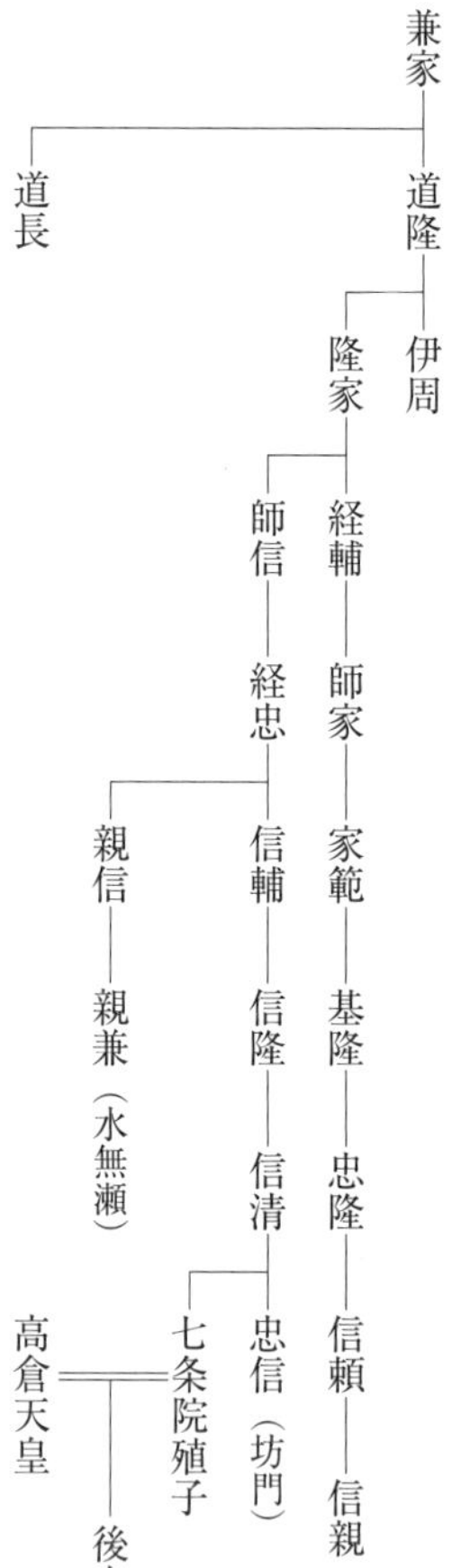

将を兼任し、それ以後は急激な官位昇進を重ね、保元三年二月には参議、八月には権中納言に至る。

近衛府の大将・中将・少将は、平安時代中期には武官としての実質はなくなっており、官位昇進の一段階に位置付けられていた。近衛次将（少将・中将）を経て参議・中納言・大納言に昇ることができる家格を羽林家《うりんけ》といい、近衛大将を経て摂関や大臣に至る家格（摂家・清華家《せいがけ》）に次ぐ上級貴族の階層である。

信頼の祖父基隆《もとたか》（一〇七五〜一一三二）・父忠隆《ただたか》（一一〇二〜五〇）も公卿に至ったが、白河院・鳥羽院に近侍して大規模な財力を蓄えることの可能な国や官司の長官（カミ。

守・頭など）を歴任し、晩年に従三位に叙されたものであった。信頼の父忠隆は保安三年（一一二二）に右近衛少将・左近衛少将に補任されたが、中将や参議には昇進できておらず、諸大夫という中級貴族の階層のままであった。信頼は、子孫が同等の官位昇進を遂げれば羽林家の家格を確保し、上級貴族の一員となる足掛かりを得ていたのである。

信頼の知行国

白河院政期頃から、上級貴族が国や官司（左右馬寮《めりょう》・修理職《しゅりしき》など）を知行するということが行われるようになった。律令制の官職としては、例えば武蔵守や左馬頭《さまのかみ》が長官であるが、官位昇進によって公卿になると、それらの国や官司のカミは兼任できない。またこの頃には、家格に応じた昇進経路が定まりつつあり、青壮年期に公卿に至る家では、比較的若い年齢で国・官司のカミに就任することとなっていた。そこで、上級貴族がそれらの国・官司から得られる利権を確保するために、家司・側近や近親・子弟・姻族をカミとし、自身は知行国主や官司知行者となって、国や官司の経営を実質的に担うということが広く行われていたのである。

もちろんカミ自身が国や官司の実質的な経営を担うこともあり、大蔵合戦勃発時の武蔵は国守の信頼自身が国務をとっていたと考えられるが、信頼が参議となる保元三年（一一五八）初頭頃には、信頼は諸国や官司を知行するようになったと考えられる。

信頼の知行国と考えられるのは、武蔵・陸奥・長門・尾張である。

武蔵国は、信頼自身が久安六年（一一五〇）七月から保元二年八月まで国守に在任している。信頼の後任の武蔵守は弟の信説《のぶとき》であるため、信頼の知行国であったと考えられる。

陸奥も、国守に、康治二年（一一四三）から信頼の兄弟・甥・叔父である藤原基成《もとなり》・隆《たか》親《ちか》・信説・雅隆《まさたか》が連続し、保元三年（一一五八）八月からは信頼祖父基隆の外孫源国雅《くにまさ》が在任していることから、信頼もしくはその近親の知行国であった可能性が高い。『□□奉公初日記』（野田文書）に源義朝が馬・武具購入の専使佐々木秀義《ささきひでよし》を派遣したとあり、義朝の武士としての存立にも陸奥を介した信頼との提携があったと考えられている（野口実、一九九四・元木泰雄、二〇〇四）。さらに陸奥国には信頼が知行していた荘園として白河領（福島県白河市周辺）がある。この地はのちに平重盛《しげもり》の所領となった（『吾妻鏡』文治四年〈一一八八〉三月十七日条）。

なお信頼の兄基成は、保元の乱前に長く陸奥守に在任し、平泉《ひらいずみ》の藤原秀衡《ひでひら》の岳父となり、平治の乱で信頼に連座して陸奥に流されたのちも、源義経を引き取るなど、同地に勢力を保持した（岡田清一、二〇〇四）。

長門では、新日吉社《いまひえしゃ》領向津奥荘《むかつくのしょう》（山口県長門市周辺）について、信頼が当国務を知行していたときに荘園の所有権を奪った（「顚倒《てんとう》」）という（妙法院《みょうほういん》文書。『平安遺文』七―三一三八）。長門守は、久安五年（一一四九）十月から信頼同母弟の家頼《いえより》、保元二年正月から保元三年五月まで信頼弟の信家《のぶいえ》が在任しており、この尾張守藤原信家の時期に信頼が同国を知行するようになったと考えられる。

図19　藤原惟方一族と信頼一族

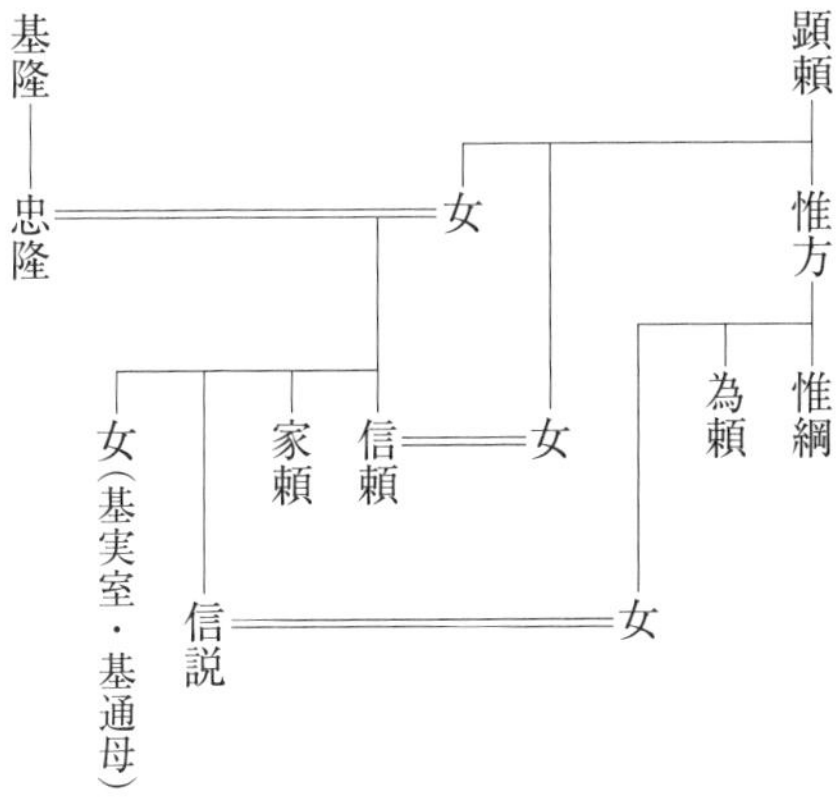

尾張では、信頼が尾張を知行していたときに伊勢神宮領「尾張国本・新神戸内宇治開田」を収公したという（『図書寮叢刊　九条家本紙背文書集　中右記』二六二〈一〉号）。尾張守は、保元元年五月から藤原惟綱《これつな》、ついで保元三年八月から藤原為頼《ためより》がつとめているが、彼らは藤原惟方《これかた》の息男で藤原信頼と姻戚を介して近しい関係にあった。信頼が尾張の知行国主であったのは、惟綱・為頼が国守をつとめていた時期と考えられる。

以上のように、信頼は、長門・尾張においては荘園の収公・顚倒といった強圧的な国務運営を押し進めていた（長村祥知、二〇二〇）。武蔵でも同様の国務運営

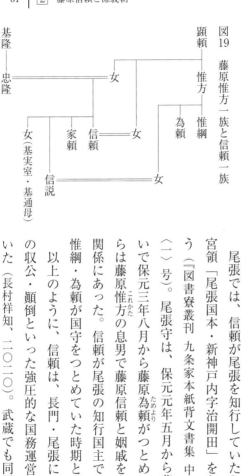

図20　道隆流・頼宗流・末茂流・桓武平氏

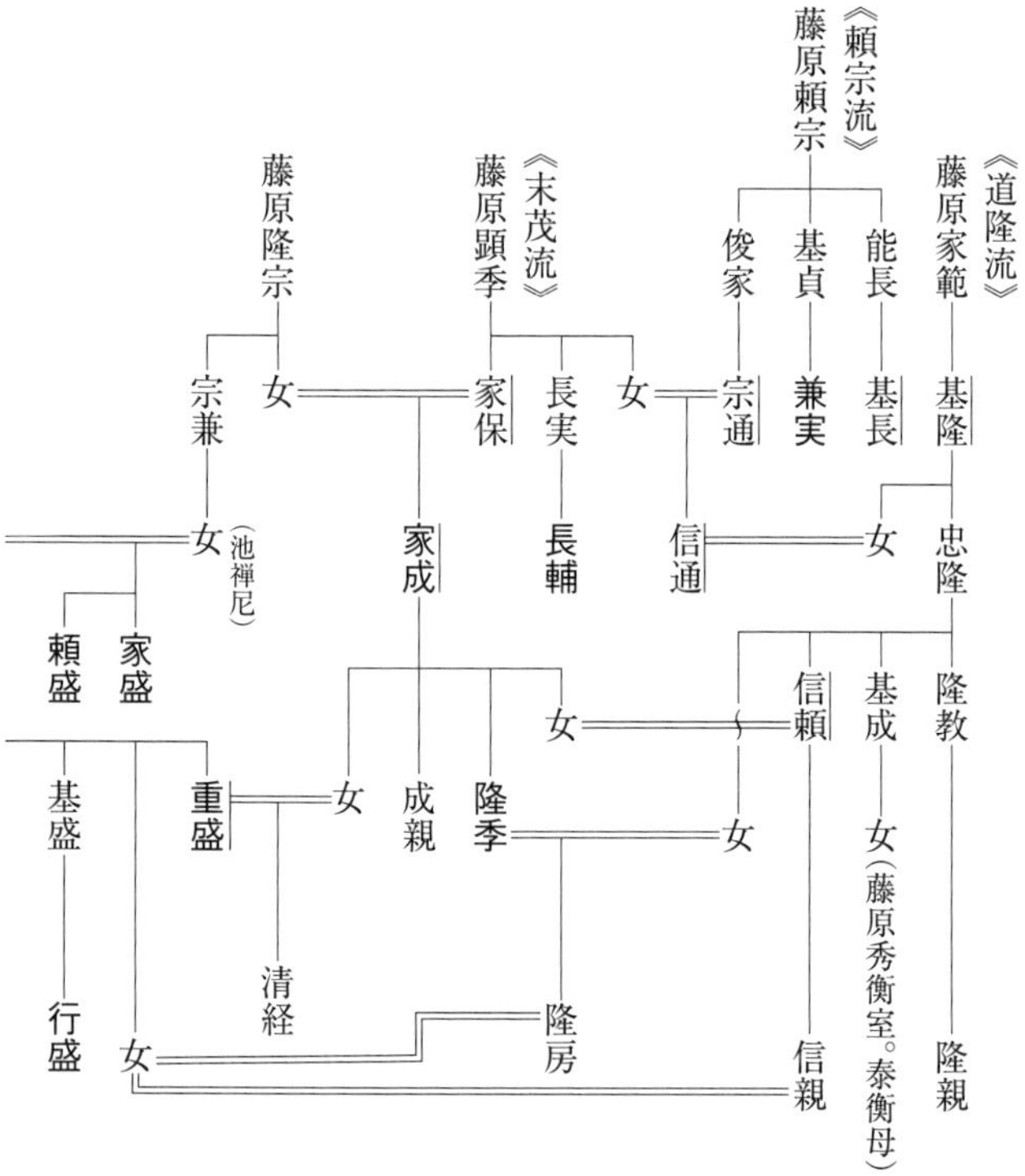

を進め、そうした方向性を現地で支えたのが源義平だったと考えられる（木村茂光、一九九〇）。

鳥羽院政期頃に最大の権門であった摂関家が三〜四ヵ国の知行国を有していたというから（五味文彦、一九八四）、信頼は短期間でそれに相当する威勢を発していたのである。

中央馬政機関　信頼の躍進にとって、中央馬政機関の掌握も重要である。

鳥羽院政期には、天皇家の馬や牧を管理する院御厩の長官（院御厩別当）と、朝廷の馬や牧を管理する左馬寮の長官（左馬頭）を、藤原氏末茂《すえしげ》流の家成《いえなり》・隆季《たかすえ》父子と平忠盛・清盛が担っていた。

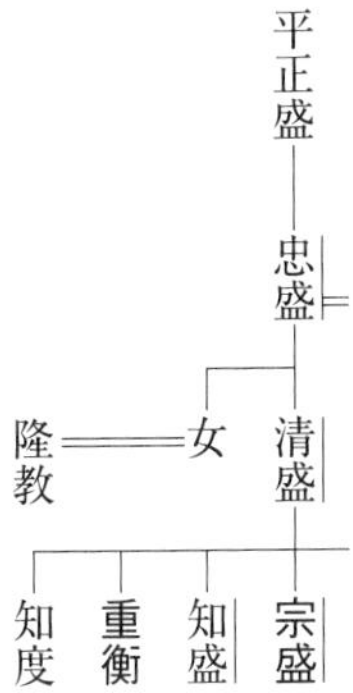

＊ゴシックは左右馬頭、傍線は院御厩別当。長幼の順は厳密ではない。

しかし保元の乱（一一五六年）直後の勲功賞で、左馬頭は藤原隆季から源義朝に交代した。当初、義朝は、勲功賞として右馬権頭に補任されたが（『兵範記』七月十一日条）、左馬頭を強く希望して、その要望が叶えられたのである。いっぽう、左馬頭だった藤原隆季は希望に反して（「所望無しといえども」）左京大夫に遷任することとなった（『公卿補任』保元三年藤隆季）。

鳥羽院政期に左馬寮は、知行国と同様の構造を持つ「知行官司」であり、保延三年（一一三七）正月に一一歳で左馬頭に補任された藤原隆季の父藤原家成が官司の知行者として、久寿元年（一一五四）に没するまで左馬寮を実質的に運営していたと考えられる（長村祥知、二〇一八）。同様に、信頼が参議となる保元三年（一一五八）二月頃には、信頼が左馬寮の知行者であったと考えられる。さらに保元三年八月の後白河天皇から二条天皇への代替わりのさいに、後白河天皇の後院御厩別当だった平清盛にかわって、発足したばかりの後白河院御厩別当に藤原信頼が補任された。

すなわち、鳥羽院政期に伊勢平氏と藤原氏末茂流が一体となって管理していた左馬寮と院御厩は、義朝の左馬頭補任を起点として、藤原信頼と源義朝が管理するようになったのである。保元の乱以前から信頼の兄隆教と平清盛姉妹が婚姻を結んでおり、保元の乱後にも清盛は娘を信頼の男信親《のぶちか》に嫁がせるなど、両家は提携を強化している。しかし、この院御厩別当の交代は実質的に信頼による奪取であり、清盛にとっては不満が大きかった。かくして信頼と義朝の提携が強化され、信頼としては清盛と提携しているつもりでありながら、信頼に対する清盛の不満が生じていたことが、平治の乱のさいの彼らの動きにつながっていく（長村祥知、二〇二〇）。

3 平治の乱と東国武士

平治の乱の経過

保元の乱で天皇家と摂関家がともに打撃を受けたのち、後白河の側近となった信頼だけではなく、後白河の乳母夫である信西もまた大きく飛躍した。信西は子息を大国受領や頭弁《とうのべん》（蔵人頭を兼ねる大弁または中弁）といった要職に進出させたことで、それらの官職を昇進経路としていた伝統的院近臣家に反発が生じていた（元木泰雄、二〇〇四）。

平治元年（一一五九）十二月、信西が源義朝らの軍勢に襲撃されて逃亡中に自害し、信西攻撃を主導した藤原信頼が平清盛に合戦で敗れて斬首されるという事件が起こった。平治の乱である。

第一段階（信西襲撃）における反信西派の中核は藤原惟方・藤原経宗《つねむね》・藤原信頼・藤原成親《なりちか》であった。信頼が組織していた源義朝のほか、美濃を本拠とする国房《くにふさ》流源光保・光基《みつもと》、満政流源重成、河内を本拠とする文徳源氏季実らも信西打倒の武力として参じた。

十二月九日、源義朝以下の軍勢が後白河院御所三条殿と信西の姉小路《あねがこうじ》西洞院《にしのとういん》宿所を襲撃し、内裏を占拠して後白河院と二条天皇を幽閉した。翌十日には信西の子五人を解官した。信西は京を脱出したが、十四日に源光保に山城国田原《たわら》（京都府宇治田原町）で発見されて自害した。

混乱のなかで主導権を掌握した藤原信頼は、武士たちを昇進させることでその労に報いた。義朝は従四位下に叙され、従前の左馬頭に加えて播磨守を兼ねた。頼朝も十二月十四日付けで右兵衛権佐に昇進した（『公卿補任』文治元年条、『愚管抄』）。

義朝の播磨守は公卿への昇進を目前とする官職で、保元の乱後は平清盛がこの官職に就いていた（元木泰雄、一九九六）。頼朝の右兵衛権佐は、左右の兵衛佐の最末ではあるが、受領を歴任して公卿に至る院近臣が就くことの多い官職で、保元二年（一一五七）正月には平頼盛が右兵衛佐に補任されている（『公卿補任』仁安元年条）。義朝・頼朝の父子は、やがて公卿に至る足掛かりを得たはずだった。

しかし、反信西派として結束していた院近臣が早くも分裂した。平治の乱の第二段階（信頼追討）では、藤原惟方・経宗が、熊野詣《くまのもうで》から帰洛した平清盛と提携して信頼と戦うこととなる。

平清盛は、十二月四日から熊野に参詣していたが、紀伊国から京に引き返し、十七日には六波羅《ろくはら》に到着した。二十五日夜、清盛は、藤原惟方・経宗の手引きで二条天皇を内裏から六波羅に迎え、藤原成頼《なりより》の手引きで後白河上皇を仁和寺《にんなじ》に脱出させた。二十六日、官軍となった清盛は、藤原信頼・源義朝・源光保が占拠する内裏を攻撃した。清盛はあえて六波羅へ退却し、それを追った義朝らは五条河原・六条河原で敗れた。この段階で、当初信頼方に属していた源光保・源頼政は清盛方に属した。

藤原信頼は捕らえられて二十六日に六条河原で処刑。源義朝は東国に逃れようとした。十二月二十八日に行われた除目で頼朝は右兵衛権佐を解官されている。

義朝一門の処罰と頼朝の配流

敗れた義朝一門は、京から近江に抜ける龍華越《りゅうげごえ》で比叡山横川《よかわ》の悪僧たちに襲撃され、一門の長老の毛利義隆《もうりよしたか》（義家の子）が討死した。義隆の子で生後五十余日の頼隆《よりたか》は下総に配流され、千葉常胤のもとで成人した（『吾妻鏡』治承四年九月十七日条）。

義朝の子朝長も龍華越で重傷を負い、同行が困難となったため、自害（もしくは義朝によって落命）した。

義平は早くも永暦元年（一一六〇）正月に捕えられ、斬首された（『尊卑分脈』三―二九五頁）。

図21　源氏一門系図

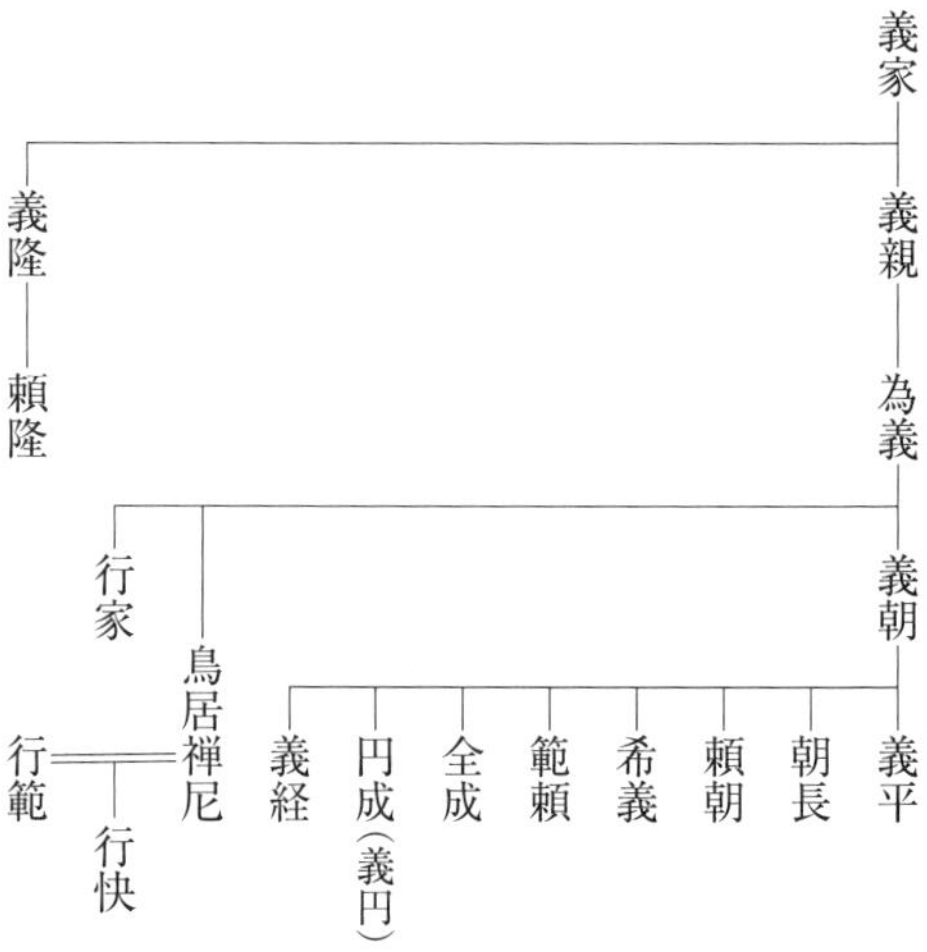

義朝自身は、乳母子の鎌田《かまた》正清《まさきよ》の舅《しゅうと》である尾張国野間内海《のまうつみ》（愛知県美浜・南知多町）の桓武平氏良兼《よしかね》流、長田《おさだ》忠致《ただむね》を頼ったが、鎌田正清とともに長田忠致に謀殺された。

頼朝は捕らえられ、永暦元年三月十一日、伊豆に配流されることとなった。死罪にならなかったのは平忠盛の後家である池禅尼が助命を歎願したからであるが、池禅尼に対して、頼朝の母方親族（藤原季範の子女）が仕える上西門院の働きかけがあったと考えられている（角田文衛、一九七四・元木泰雄、二〇一九）。

頼朝が伊豆に流されたのと同じ日に、同母弟の希義《まれよし》も九歳で土佐に流された（「群書類従」公事部第七輯『清獬眼抄《せいかいがんしょう》』）。希義は土佐国介良荘《けらのしょう》（高知市周辺）に流され、治承四年（一一八〇）頼朝挙兵後の全国的な内乱激化のなかで同国の平重盛家人蓮池家綱《はすいけいえつな》・平田俊遠《ひらたとしとお》に討たれることとなる（『吾妻鏡』寿永元年九

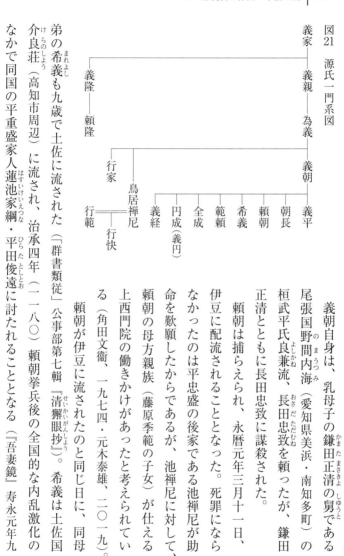

月二十五日条。下石敬太郎、二〇一八)。

その他の弟たちは、幼かったこともあり、死罪・流罪といった処罰は免除されたようだ。遠江国の遊女を母とする範頼《のりより》は、同国蒲御厨《かばのみくりや》(静岡県浜松市周辺)に成長し、藤原氏南家の高倉範季に養育された。

全成《ぜんじょう》・円成《えんじょう》(義円《ぎえん》)・義経は、それぞれ寺院に預けられた。『平治物語』は、今若《いまわか》・乙若《おとわか》・牛若《うしわか》という童名の彼らを連れて、母である九条院雑仕常葉《ぞうしときわ》(常盤)が平清盛のもとに出頭したとする。

行家の謎

処罰されたかどうか未詳なのが、義朝の弟の行家(平治の乱の頃は「義盛《よしもり》」)である。

彼は謎の多い人物で、まず平治の乱に参戦したかどうかが判然としない。『平治物語』諸本によって相違があり、金刀比羅本《ことひらぼん》では行家の参陣は記されないが、古態本とされる第一類の伝本では「十郎義盛」「十郎蔵人義盛」「十郎蔵人」が義朝軍に属していたとする。ただし、行家が蔵人を名乗るのは治承四年(一一八〇)に八条院蔵人となってからのはずであるため(『吾妻鏡』四月九日条)、同時代史料に依拠した記述とは考えがたい。『吾妻鏡』の記事が誤っている可能性もなくはないが、八条院が女院号を宣下されたのは応保元年（一一六二）十二月のことで、行家が八条院以外の女院・天皇の蔵人であった徴証はないので、平治元年（一一五九）の時点で「十郎蔵人」は不自然である。

『延慶本』第二中―八・同一〇は、行家が平治の乱に参戦して敗れたが、清盛が青道心《あおどうしん》（思いつきの慈悲の心）で処罰しなかったため、紀伊の熊野に住んだとする。しかし、頼朝の挙兵を記す『玉葉《ぎょくよう》』治承四年九月三日条には、行家がこの一、二年、熊野に住んでいたとあって、それより前は別の地にいたような書きぶりのため、『延慶本』に齟齬する。

行家の母についても、熊野別当家の女性だという説もあるが、確定的な史料はない。『玉葉』文治二年（一一八六）五月廿日条に、大進君という南都僧が行家の（異父）同母の兄弟である旨がみえるのが、わずかな手がかりである。

確実なこととしては、『吾妻鏡』元暦二年（一一八五）二月十九日条・貞応元年（一二二二）四月廿六日条に、行家の姉「鳥居禅尼《とりいのぜんに》」が熊野新宮別当家の行範《ぎょうはん》に嫁して行快《ぎょうかい》を生んだことが所見する。いつからかは未詳ながら、行家は姉の嫁していた熊野新宮に住み、「新宮十郎」を名乗り、治承四年を迎えたのであろう。

流人頼朝の周辺

当初、頼朝は、平家の家人である伊豆国の伊東氏のもとに預けられたらしい。真名本《まなぼん》『曽我物語《そがものがたり》』や『延慶本』『源平闘諍録《げんぺいとうじょうろく》』『源平盛衰記』で微妙に細部は異なるが、伊東祐親《いとうすけちか》が大番役《おおばんやく》で在京中に、頼朝と祐親女との間に子が産まれ、帰国した祐親は平家に知られることを恐れて頼朝の子を殺害した（坂井孝一、二〇一二）。『吾妻鏡』寿永元年（一一八二）二月十五日条によれば、安元元年（一一七五）九月頃、祐親は頼朝をも殺害しようとしたので、祐親の男祐清《すけきよ》が密告し、頼朝は走湯山《そうとうざん》（伊豆山権現）に逃れたという。

その後、流人頼朝を監視する役割は北条時政《ときまさ》が担うこととなった。頼朝は、流人とはいえ前右兵衛権佐の官歴を有した貴種であり、以下にあげるようなさまざまな者から支援を受ける存在であった。時政は頼朝に対して、罪人という以上の待遇で接したのであろう。やがて頼朝は北条時政の女政子と婚姻を結び、二人の間には大姫がうまれる。

北条氏以外にも、流人頼朝にはさまざまな支援者がいた（野口実、一九九四）。永暦元年（一一六〇）三月、頼朝が伊豆に流されるとき、母方の叔父にあたる僧の祐範《ゆうはん》が郎従一人を差し添え、伊豆に着いてからも毎月使者を送った（『吾妻鏡』文治四年十一月九日条）。また伊豆配流のさいに、因幡国の高庭介資経《たかばのすけすけつね》が親族の藤七資家《とうしちすけいえ》を差し添えた（『吾妻鏡』元暦元年三月十日条）。

頼朝乳母の比企尼《ひきのあま》は、夫の比企掃部允《かもんのじょう》とともに京から武蔵国比企郡に下向し、頼朝が伊豆に流されてから治承四年（一一八〇）八月に挙兵するまで、物資を贈り続けた（『吾妻鏡』寿永元年十月十七日条）。なお頼朝の乳母として、寒河尼《さむかわのあま》（八田宗綱《はったむねつな》女・小山政光《おやままさみつ》室）・摩々尼《ままのあま》（中村《なかむら》氏の一族か）・山内尼《やまのうちのあま》（山内首藤俊通《すどうとしみち》室）もいた。

朝廷の下級官人である三善康信《みよしやすのぶ》は、母が源頼朝の乳母の妹であったため、頼朝のもとに洛中の子細を毎月三度知らせていた。康信は、のち元暦元年（一一八四）四月十四日に鎌倉に下向する。

また、平治の乱で源義朝に属したために本領を追われた近江の佐々木秀義が、乱以前からの渋谷重国《しぶやしげくに》との縁によって相模国に長く留まり、秀義の子定綱《さだつな》・盛綱《もりつな》は頼朝に近侍した（『吾妻鏡』治承四年八月九日条）。伊勢の加藤氏は、平家家人の伊藤氏との競合で本国から逃れ、伊豆の工藤茂光の婿となった。この佐々木や加藤以外にも、平家に反して浪人・流人となった者複数が頼朝の周辺におり、そのなかには下級官人として朝廷の実務に携わった者や宗教勢力に属していた者もいた。

動員できる軍勢や在地における勢力という点では国衙在庁や荘官などとしての立場を有する東国の領主層には及ばないものの、直属の軍事基盤を持たない頼朝が勢力を拡大していくうえで、彼らを信頼できる存在として重用したのである。

表2 『平治物語』にみる藤原信頼・源義朝の軍勢
『平治物語』上 〔待賢門の軍の事〕

底 本	金刀比羅宮蔵本	陽明文庫蔵本
刊 本	日本古典文学大系225頁	新日本古典文学大系186頁
	義朝	義朝
		嫡子悪源太義平
		次男中宮大夫進朝長
		三男兵衛佐頼朝
		舎弟三郎先生義章（ママ）
		同十郎義盛
		伯父陸奥六郎義隆
		信濃源氏平賀四郎義信
		郎等
	鎌田兵衛	鎌田兵衛正清
		三浦介二郎義澄
	須藤刑部	山内首藤刑部ノ丞俊通
		子息滝口俊綱
	長井斉藤別当	長井斎藤別当実盛
	片切小八郎太夫等	信濃国の住人片切小八郎大夫景重
	上総介八郎	上総介広常
		近江国の住人佐々木源三秀能
	後藤〔兵衛〕	
	岡部六弥太	
	猪俣金平六	
	熊谷次郎	
	平山武者所	
	金子十郎	
	足立右馬允	

陽明文庫蔵本の人名表記には，底本の仮名書きを新日本古典文学大系が適宜漢字にしたものが含まれる．

『平治物語』上〔源氏勢汰への事〕金刀比羅宮蔵本（日本古典文学大系218頁）

宗との兵二百人，以下軍兵二千余騎	
大将軍	悪右衛門督信頼 子息新侍従信親 舎弟民部権少輔基頼 弟の尾張少将信時 兵部権大輔家頼 其外伏見源中納言師仲 越後中将成親 治部卿兼通 伊与前司信貞 壱岐守貞知 但馬守有房 兵庫頭頼政 出雲前司光泰 伊賀守光基 河内守末真 子息左衛門尉末盛 左馬頭義朝 嫡子鎌倉悪源太義平 二男中宮大夫進朝長 〔三男〕右兵衛佐頼朝 義朝の伯父陸奥六郎義高 義朝の弟新宮十郎義盛 従子佐渡式部大夫重成 平賀四郎義宣
郎　等	鎌田兵衛政清 後藤兵衛真基
近江国	佐々木源三秀能
尾張国	熱田大宮司太郎の子共 家子郎等
三河国	重原兵衛父子二騎
相模国	波多野二郎義通 三浦荒次郎義澄 山内首藤刑部俊通 滝口俊綱
武蔵国	長井斉藤別当真盛 岡部六弥太忠澄 猪俣金平六範綱 熊谷次郎直実 平山武者季重 金子十郎家忠 足立右馬允遠元
上総国	上総介八郎弘経
常陸国	関次郎時員
上野国	大胡 大室 大類太郎
信濃国	片切小八郎太夫景重 木曽中太 弥中太 常葉井 榑 強戸二郎
甲斐国	井沢四郎信景

平治の乱と東国武士

平治の乱で義朝が動員した軍勢は『平治物語』に表2のように記される。保元の乱のさいに比べても東国武士が少ないのは、信西襲撃計画が急だったため、義朝が東国から多数の軍勢を動員する余裕がなかったためであろう。

それに対して清盛は、代々本拠地としてきた伊勢・伊賀の郎等を動員し、さらに美濃の源光保や摂津の源頼政といった畿内近国を本拠とする京武者の加勢も得たことで、信頼・義朝方を圧倒したのである。平治の乱後、平家は東国進出を本格化させる。

大蔵合戦と保元の乱を経て、東国では源義朝に連なる在地勢力が優位に立った。しかし、平治の乱で義朝が討死したことによって、諸勢力は平家との関係を模索することとなる。

三　流人源頼朝と東国の反乱

1 平家の東国進出と内乱初期の政治過程

平治の乱後の平家の躍進

平治の乱後、清盛率いる平家一門は最大の在京武力保持者としての地位を確立した。乱前に藤原信頼が掌握していた武蔵国の国務や、中央馬政機関（院御厩・左馬寮）などの権限は平家が吸収することとなった。

後白河院と二条天皇が緊張関係を保って並存するなかで、平清盛は「アナタコナタ」して双方との関係を維持した。永万元年（一一六五）に二条が早生すると、後白河と清盛は二条の遺児六条天皇を仁安三年（一一六八）に退位させ、高倉《たかくら》天皇を践祚させる。高倉は、後白河と、清盛の室時子《ときこ》の妹滋子《しげこ》（のち建春門院《けんしゅんもんいん》）との間に生まれた。

以後しばらくの間、清盛は、後白河院との協調関係を維持し、永万二年十一月に内大臣、翌仁安二年二月には太政大臣に至った。この年五月十七日に清盛は太政大臣を辞すが、五月十日には東山・東海・山陽・南海道などの賊徒追討が平重盛に命ぜられている（『兵範記』）。この「仁安宣旨」は清盛の後継者である重盛が全国的な軍事警察の担い手という立場をも継承したことを示すものであった（五味文彦、一九七九）。

平治の乱後の南関東

平治の乱における源義朝の敗北、そして乱後の平清盛の躍進は、東国にも大きな影響を与えた。

特に義朝の本拠地であった相模では武士の勢力図が大きく変わり、かつて源義朝とともに大庭御厨に侵入した三浦氏・中村氏（土肥《どひ》氏）の立場が悪化した。特に三浦義澄は平治の乱で義朝にしたがっており、処罰を受けたかどうかは確認できないが、危機的状況に陥ったに違いない。伊豆の伊東祐親が平家に属して勢力を拡大するなかで、提携先を模索していた三浦義澄と土肥遠平《とおひら》は伊東祐親の娘を室に迎えた（坂井孝一、二〇二一）。ちなみに伊豆の北条時政も伊東祐親の娘を室に迎えており、頼朝が挙兵したさい、伊東一門は親平家の立場を変えなかったが、北条とその相婿である三浦・土肥は頼朝に同調することとなる。

義朝の大庭御厨侵入時に三浦・中村と競合していた大庭景義・景親兄弟は、保元の乱のさいは義朝にしたがったが、平治の乱には関わらなかったようで、乱後、景親は平清盛に接近して相模の最有力武士となる。その間、兄の大庭景義は弟には同調しなかったようで、のちに頼朝が挙兵すると頼朝にしたがう。

いっぽう、藤原信頼の知行国だった武蔵では、永暦元年（一一六〇）二月に九歳の平知《とも》盛《もり》が武蔵守となった。知行国主は知盛の父清盛であろう。主要な武蔵武士の多くが平家に編成されたようで、保元の乱前に源義朝・義平や三浦義明と結んで秩父重隆に対抗していた畠山重能や、その弟の小山田有重《おやまだありしげ》は、平治の乱には関わらなかったようだが、乱後は平家に属した。源義賢とともに討たれた秩父重隆の孫、河越重頼《かわごえしげより》も平家に属した。

のち治承四年（一一八〇）八月二十三日、挙兵直後の源頼朝は石橋山合戦で大庭景親に敗れて安房に逃れ、同二十六日、頼朝にしたがった三浦義明は、相模国衣笠城《きぬがさじょう》（神奈川県横須賀市）で平家方の畠山重忠《しげただ》・河越重頼・江戸重長《えどしげなが》ら秩父平氏に討ち取られることとなる。

治承三年政変　清盛は仁安三年（一一六八）二月には出家するが、なおも平家の家長として絶大な権力を有していた。ただし後白河との関係は、安元二年（一一七六）七月に建春門院が死去し、翌安元三年六月のいわゆる鹿ヶ谷《ししがたに》事件を経て急速に悪化していく。承安元年(一一七一)に高倉天皇に入内した徳子(のち建礼門院《けんれいもんいん》)が治承二年(一一七八)十一月に皇子(言仁《ときひと》。のち安徳《あんとく》天皇)を生んだことで、仮にこの皇子を新天皇につけて高倉院政を開始させることができれば、清盛にとって後白河院政は不要となったのである。

治承三年十一月十四日、数千の兵を率いた清盛が福原《ふくはら》(兵庫県神戸市)から上洛し、洛中は騒然となった。男宗盛《むねもり》は十一月十一日に厳島《いつくしま》(広島県廿日市市)に向けて出発しており、清盛の行動に無言で反発の意を示していたが、清盛は宗盛を呼び返してともに上洛したのであった。十一月十五日、清盛の奏請により、関白松殿基房《まつどのもとふさ》・権中納言藤原師家《もろいえ》が罷免され、近衛基通《もとみち》が内大臣・関白・氏長者となった。十六日には覚快《かくかい》が辞したのちの天台座主に、安元の強訴のさいに解任された明雲《みょううん》を還補している。

さらに十一月十七〜十九日の三日間に除目を行い、後白河に近侍していた者数十名の官職を停め、平家一門・家人や、後白河と密着していない貴族・官人を新たに補任する大幅な人事異動を遂行している。これにより、全国の多数の知行国が平家の関係者のものとなった。『平家物語』は、日本の六六ヵ国のうち三十余国が平家知行の国になったとする。

その一つ、上総介(親王任国なので、介が実質的な長官)には、重代相伝の家人である伊藤忠清が補任された。さらに伊藤忠清は『延慶本』第二末―十八によれば坂東「八ヶ国ノ侍ノ別当」（『源平盛衰記』巻二十二には「八箇国ノ侍ノ奉行」）であった。

国守以外に、弁官などの実務官人も大幅に入れ替わった。それと並行して十八日には、前関白基房を大宰権帥として左遷し（のちに配所を鎮西から備前に改める）、院近臣の平業《なり》房《ふさ》を伊豆に流し、源資賢《すけかた》・雅賢《まさかた》・資時《すけとき》・信賢《のぶかた》らを追却した。

以上の措置は、詔書や宣命・勅といった高倉天皇の命令という形をとって下達されている。すなわち、清盛の意思を高倉天皇の名で発し、関白近衛基通と宗盛以下の平家一門・関係者や非院近臣貴族・官人が補佐する政治体制を構築したのである。

そして十一月二十日、後白河法皇を鳥羽殿に幽閉した。ここに清盛は、武力を背景として、名実ともに後白河の院政を停止したのであった。その後数日の間も、院の近臣数名を捕らえ、あるいは殺害している。

高倉院政の開始

清盛の意向のもとで高倉は、十二月八日には藤原長方《ながかた》と吉田経房を後院別当に補任し、十二月十四日には後院庁始を行った。さらに翌治承四年（一一八〇）二月五日には藤原隆季・藤原雅隆をも後院別当に補任している。後白河院政の停止にともない親政をしくこととなった高倉天皇のもとで、天皇家領荘園をはじめとする家産を管理すべく、上皇の院庁に相当する天皇の後院庁を設置したのである。

治承四年二月二十一日には、高倉天皇が退位して上皇となり、藤原隆季・実国《さねくに》・長方・雅隆、平重衡《しげひら》、吉田経房を院庁の別当とした。高倉院政の開始である。かわって三歳の安徳天皇が践祚し、近衛基通を摂政とした。清盛の血統が皇位を継承する体制が確立したのである。

三月十七日、高倉院の退位後初の社参として、厳島に参詣する予定であった。しかし、園城寺・比叡山・南都の大衆《だいしゅ》が後白河と高倉を奪取しようとしているとの情報が入り、両院の御所を警固して、御幸は三月十九日に延期している。従来の院は退位後の社参で京近辺の神社に参詣しているため、京近辺の神社よりも厳島を重視するという宗教秩序の改変につながる計画に対して、大衆は抗議の意を示したのである。四月二十二日には、紫宸殿《ししんでん》で安徳天皇の即位式が行われた。

以仁王の挙兵

水面下では、すでに治承四年（一一八〇）四月九日に、後白河院の第二皇子以仁王が、清盛追討を呼びかける令旨を、八条院蔵人となった源行家に命じて諸国に発していた。以仁王自身も八条院の猶子であり、以後、行家以外にも八条院やその荘園に関わる人物の連携が確認できる。

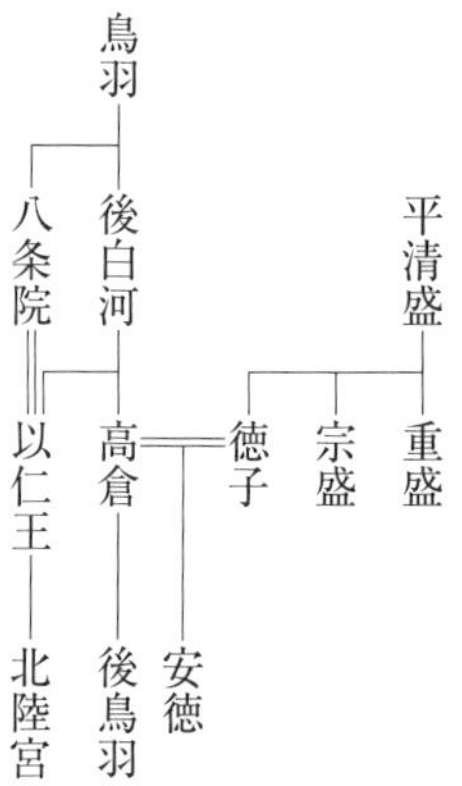

図22　以仁王の挙兵関係系図

五月十日、清盛が急遽上洛し、翌日には福原に下向した。当日の京は騒がしかったというが、それは以仁王の「謀叛」が露顕したからに違いない。五月十五日、以仁王は土佐に配流されることとなった。しかし、検非違使源光長《みつなが》・源兼綱《かねつな》が以仁王の三条高倉邸に到着したときには、以仁王はすでに園城寺に逃亡していた。その後数日間、以仁王の捜索を続け、五月十八日には園城寺に以仁王の引き渡しを命じたが、悪僧たちは拒否した。園城寺悪僧の中心の一人、律上房日胤《りつじょうぼうにちいん》は、下総の武士千葉常胤の子息であった。

五月二十一日、平宗盛以下九人の平家一門と源頼政で二十三日に園城寺を攻めることに決まったが、同日夜には源頼政と仲綱《なかつな》・兼綱らの子が軍勢を率いて以仁王に合流した。源頼政は、平治の乱で清盛方に属し、治承二年十二月に清盛の推挙で従三位に叙され、今回も園城寺攻撃軍の一軍を率いる予定であり、清盛の信頼も厚かった。頼政の養子兼綱も、十五日に以仁王の捕縛に向かっていた。そんな彼らが以仁王方として動いたことは衝撃であった。

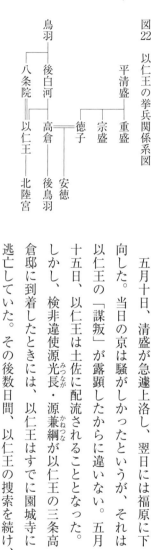

以仁王が逃げおおせたのは、彼らが事前に内部情報を伝えていたからであろう。なお『平家物語』は、源頼政が、子息仲綱が平宗盛に侮辱されたことを怒り、以仁王に挙兵を勧めたとする。しかし、彼らの政治的立場を考えれば、以仁王こそが反平家活動の起点であり、その養母である八条院に祗候していた頼政を動員したと考えるべきである（上横手雅敬、一九八五）。

五月二十二日には、比叡山の大衆三〇〇人が以仁王に与力し、大和の興福寺衆徒も蜂起したという情報が京に伝わった。五月二十三日頃には、天皇の行幸、院の御幸に合わせて、官兵が洛中の諸人を引率して福原に下向するという風聞もあった。五月二十五日には、天台座主明雲が比叡山に登り、叡山僧に三井寺《みいでら》（園城寺）を攻めるよう伝え、過半が承諾した。叡山が頼れないとなった以仁王らは、五月二十六日未明、園城寺から南都に向かった。

五月二十六日、以仁王らの脱出を知り、平家家人で検非違使の藤原景高《かげたか》・忠綱《ただつな》ら三〇〇騎を派遣した。景高らは宇治の平等院《びょうどういん》で以仁王に追い着き、合戦して源頼政とその男仲綱・兼綱を討ち取った。藤原景高らが出撃したのち、京で平宗盛と相談して、平重衡・維盛《これもり》が主力を率いて宇治に向かったが、すでに合戦は終わっており、彼らは敵軍の首をみたのみであった。こうした、先遣隊を派遣し、そののち本隊が出撃するという軍勢派遣方式を、平家はしばしば用いた（田中文英、一九九四）。

以仁王は、頼政が防戦している間に奈良に向かったが、南山城《みなみやましろ》地域で敗死したらしい。しかし以仁王の首は確認できなかった。そのため、八月に挙兵した東国の源頼朝のもとで以仁王が生存しているとの風聞が広がることとなる。

以仁王・頼政にしたがった軍勢には東国武士も複数おり、木曾義仲の兄で頼政猶子の仲家は討死した。足利義康の子の足利判官代（矢田《やた》）義清《よしきよ》も討たれたという情報があったが（『山槐記』五月二十六日条）、これは誤聞で、のちに義清は義仲と行動をともにする。

平家は、五月二十六日に以仁王の挙兵を鎮圧し、翌日には高倉院のもとで、諸国の源氏と興福寺・園城寺衆徒で以仁王令旨に応じた者を討伐することを決定した。六月二日には行幸という名目で福原への「遷都」を断行し、以後も首都造営を推進した。しかし、諸国で反乱が起こることとなる。

頼朝の挙兵

平治の乱後、伊豆国内では、平家に仕える伊東氏が勢力を拡大した。それに対して、北条氏や、数世代前に伊東氏から枝分かれした工藤・狩野《かのう》氏は、劣勢となっていた。同様の分断は関東の他の国でも生じており、治承三年政変で一層溝が深まったようである。治承四年（一一八〇）八月の頼朝挙兵を、そうした大勢を覆す機会と理解した武士は少なくなかった。さらに、『延慶本』に、後白河院が頼朝に院宣を発したと記されるように、平家追討は後白河の意に沿う動きでもあった。

『吾妻鏡』によれば、頼朝は四月二十七日に源行家から以仁王令旨を受け取っていた。五月二十七日に平家が以仁王令旨に応じた者を討伐することを決定した旨を、在京中の三善康信が派遣した弟の三善康清《やすきよ》が六月十九日に伊豆国北条に到着して源頼朝に告げている。六月二十四日、頼朝は「累代御家人等」を招集し始めた。六月二十七日には、大番役で在京しているさいに起こった以仁王挙兵により京で抑留されていた三浦義澄と千葉胤頼《たねより》が、頼朝のもとに下向してきた。八月二日には、平家方の大庭景親をはじめとして、以仁王挙兵により在京していた東国武士が多く下着している。

八月十七日、頼朝は挙兵し、伊豆国一宮である三島社《みしましゃ》（静岡県三島市）の神事の夜、伊豆の知行国主平時忠《ときただ》の下で目代をつとめていた山木兼隆《やまきかねたか》を襲撃した。この山木兼隆は、平信兼の子で、清盛の三代前に枝分かれした桓武平氏の庶流である。兼隆は治承三年頃まで検非違使として京で活動していたが、父の訴えによって解官され（『山槐記』治承三年正月十九日条）、伊豆に配流された（『吾妻鏡』治承四年八月四日条）。このとき伊豆の知行国主は源頼政であったが、治承四年五月に頼政が以仁王とともに挙兵して敗死したのち、新た

図23　坂東武士団の分布と挙兵後の源頼朝の進路（野口実、2007をもとに一部改変）

に知行国主となった平時忠が山木兼隆を目代に起用し、同国山木郷（同伊豆の国市）に居館を構えていたのである。この日、頼朝配下の加藤景廉《かげかど》が山木を討った。

　八月二十日、頼朝は伊豆・相模の御家人を率いて伊豆から相模国土肥郷（神奈川県湯河原町周辺）に赴いたが、八月二十三日、相模国の石橋山（神奈川県小田原市）で大庭景親以下の平家方に敗北し、頼朝は箱根山《はこねやま》に逃れた。

『吾妻鏡』によれば、頼朝は大庭景親が自身を討つために下向してきたと判断して挙兵を決断したようだが、実のところ大庭は、宇治川合戦で討死した源頼政の孫（仲綱子）を追討するために清盛が私的に遣わした武士であった。頼政の孫は奥州に逃れたが、ちょうど頼朝が挙兵した直後だったので、頼朝と合戦になったのである（『玉葉』九月十一日条）。

南関東の政治情勢

頼朝は、安房国に逃れ、平家に志を寄せる長狭常伴《ながさつねとも》を討ったのち、上総・下総・武蔵国を経て相模国に入り、十月十五日に鎌倉御亭に入った（野口実、一九九四）。

頼朝は、十月十六日に福原・京からの追討使平維盛が十三日に駿河国手越駅《てごし》（静岡市）に着いたと聞き、駿河に軍を進めた。やがて十月十九・二十日頃に富士川《ふじかわ》（静岡県富士市周辺）で平家方と合戦に及ぶ。

この間、頼朝の進軍過程や周辺各地でも、平家方と反平家方の合戦が起こっていた。平家政権下の謀叛人である頼朝に属した勢力は、必然的に反平家方と位置付けられる。いっぽう、反乱勢力を鎮圧する立場には、例えば国衙が公的に動員した武士など、平家と特段の関係がない（必ずしも平家家人とは限らない）者も含まれるはずだが、史料上は不明確な者が多い。彼らを便宜的に平家方と呼んでおきたい。

八月二十四日には、頼朝のもとに参る最中に敗北を聞いて引き返した相模の三浦義澄が、由井浦《ゆい》（鎌倉市）で平家方の畠山重忠と合戦になり、上総広常《ひろつね》の弟金田頼次《かねだよりつぐ》の加勢を得た三浦が勝利した。二十六日には、ふたたび平家方の畠山重忠・河越重頼・江戸重長が衣笠城に籠もる三浦氏を攻め、三浦義明が討死した。

九月十三日には、下総の千葉胤頼・成胤《なりたね》が、平家方の下総国目代を討った。十四日には、平忠盛の聟で、清盛に志を通じている下総国千田荘《ちだのしょう》領家判官代藤原親政《ちかまさ》を、千葉成胤が迎撃し生け捕った。この藤原親政の妹（従姉妹とも）は早くから平重盛に嫁し、平治の乱の前後頃に資盛《すけもり》を生んでいる。

甲斐・信濃・上野

東国では、頼朝の伊豆での挙兵と南関東での反乱の拡大のみならず、甲斐・信濃・上野といった諸国でも反乱が起こっていた。

八月二十五日には、俣野景久《またのかげひさ》と駿河国目代　橘　遠茂《たちばなのとおもち》が武田・一条を襲撃するため甲斐国に攻め入ったが、波志太山《はしだやま》で迎撃した武田一族が勝利している。九月十日には甲斐の武田信義《のぶよし》が信濃に発向し、平家方の菅冠者を伊那《いな》郡大田切郷《おおたぎりごう》（長野県駒ヶ根市）の城に攻めた。武田勢は九月十五日には甲斐に戻り、頼朝からの使者北条時政と合議して、十月一日に駿河に向かうこととなった。武田勢は鉢田合戦や富士川合戦で大活躍することとなる（杉橋隆夫、一九八八）。

九月七日には信濃で木曾義仲も挙兵した。京には九月十三日に、信濃国が東国の反乱に与力したという報が届いている。義仲は十月十三日に亡父義賢の勢力基盤だった上野国に移った。しかし新田義重の頼朝方帰参を受けて、義仲は十二月二十四日に信濃に戻っている。義仲は、頼朝と連携していたわけではなく、競合しながらも反平家という同じ方向性の活動を展開したのである。

九月三十日には上野で新田義重が反平家の兵を挙げた。新田義重は、当初は平宗盛が平家に背いた者の追討を坂東の家人に命じたために下向しており、伊豆の頼朝や甲斐の武田の動向を新田荘領家たる前太政大臣藤原忠雅に報告していた（『山槐記』九月七日条）。義重は、頼朝や義仲とは別の勢力として挙兵したが、頼朝が北関東まで勢力を拡大すると、十二月二十二日に頼朝のもとに帰参している。

上野には、仁安年中（一一六六〜六九）に平重盛の家人に列した下野の足利俊綱も勢力を及ぼしており、九月三十日に上野府中の源氏に属した者の居所を焼き払っている。なお九月十一日、京に、上総広常と故足利利（俊）綱の子（忠綱《ただつな》か）が源頼朝に与力したとする浮説が届いているが、「故利綱」は誤報であろう。あるいは、俊綱・忠綱父子が、新田義重・木曾義仲との敵対関係により、彼らと緊張関係にある頼朝と一時的に提携したのかもしれないが、養和元年（一一八一）八月十二日には、足利俊綱と藤原秀衡が反頼朝的立場にあるとの風聞が京に届いている。

常陸には、平家方として佐竹隆義《さたけたかよし》・秀義《ひでよし》父子がいた。佐竹氏は十一月の金砂《かなさ》合戦で頼朝に敗れるが、陸奥国平泉の藤原秀衡とともに、背後から頼朝を牽制していた。

2　平家軍制下の東国武士と京都

ここで時系列を離れて、以上の政治過程から見出せる東国武士や平家の構造を掘り下げておきたい。

義朝家人の去就——藤原氏秀郷流山内・波多野

東国には頼朝の父義朝の家人だった者も多いが、その関係が単純に頼朝にも継承されたわけではない。

治承四年（一一八〇）七月十日、頼朝の命を受けて家人を招集していた安達盛長《あだちもりなが》が、相模国内には頼朝にしたがう者が多いが、波多野義常《よしつね》と山内首藤経俊《つねとし》が悪口を述べて断ってきた旨を、頼朝に報告している。山内首藤経俊は、源頼義・義家以来の重代相伝の家人であり、経俊の母山内尼は頼朝の乳母であった。波多野義常も、叔母が源義朝の妻となって朝長を生んでおり、かつては側近の家系だったといえる（野口実、一九八二）。

波多野義常の父義通は保元三年（一一五八）春に頼朝の父義朝と不和になっていたというが、まさしく「累代御家人」の山内首藤経俊が頼朝の招集を断り、しかも石橋山合戦で頼朝を攻撃していることは、当該期の武士が情宜よりも現実的な利害関係のなかで主を選んでいたことを示している。

逆に、反乱軍たる頼朝に初期から属した武士は、源氏の「累代御家人」であること以上に、内乱に乗じて不利な現状を打破することを重視した者が多い。不利な現状の打破といっても武士によってさまざまな事情を抱えているが、特に多いのは、治承三年十一月の政変で知行国主が平家関係者に交代するなどした国のなかで、平家家人として勢力を増した武士から圧迫を受けた非平家家人であった（野口実、一九八二・元木泰雄、一九九四）。

ちなみに、頼朝は、鎌倉に入った数日後の治承四年十月十七日に波多野義常を誅するが、山内首藤経俊は同年十一月二十六日に経俊母（頼朝乳母）の嘆願により助命し、のち元暦元年（一一八四）頃から伊勢国守護に起用している。かつて頼朝を助命した池禅尼が忠盛

図24　平家一門系図

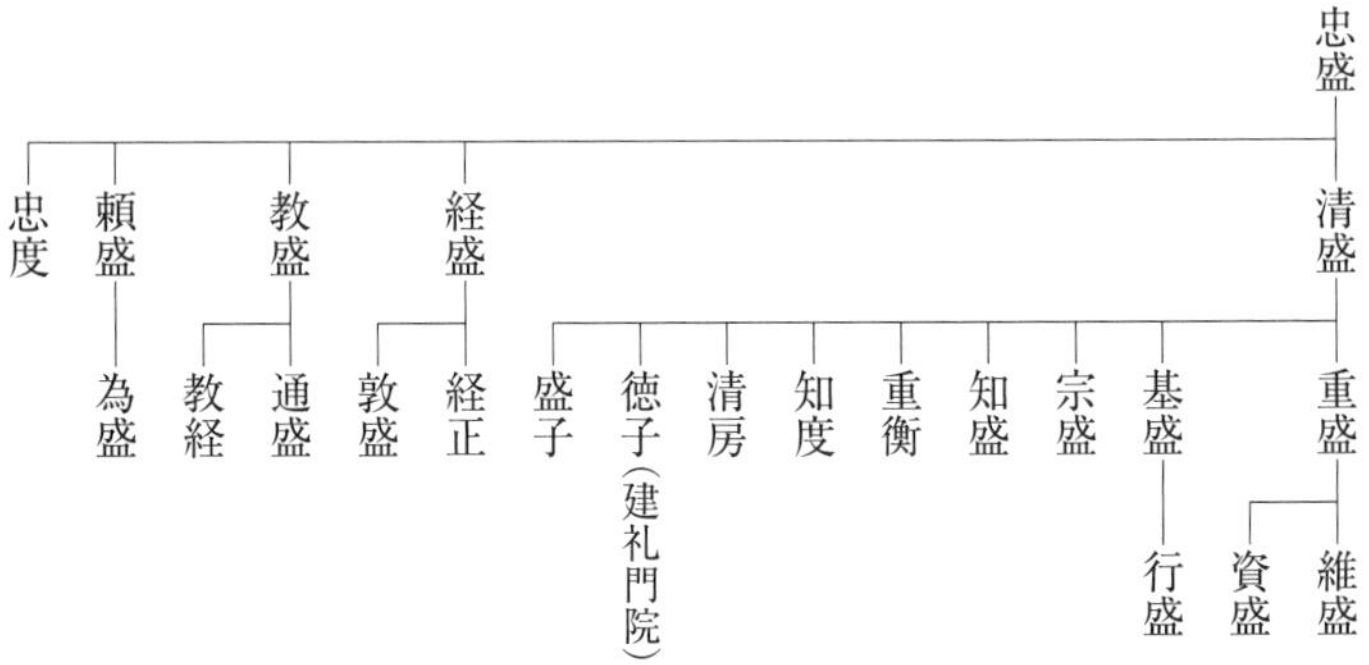

後家であったこととあわせて、乳母や後家といった存在の発言力の強さを確認しておく必要があろう。

平家一門の主流と傍流

平清盛の子孫のうち、かつて嫡流であった平重盛の子息たち（小松家《こまつけ》）は、治承三年（一一七九）閏七月の重盛の死去によって一門内で傍流に転じ、かわって時子所生の宗盛・重衡・知盛らが主流となった。

表3は、以仁王挙兵以後の平家による京からの軍勢派遣を整理したものである。遠征軍などの危険な軍事行動ほど、従兄弟・叔父・末弟といった主流から距離のある人物がいち早く起用される傾向が指摘されており（安田元久、一九六七）、それは確かに事実といえる。また、重衡・知盛が出陣した治承四年（一一八〇）十二月の近江・美濃や大和の追討は成功をおさめている反面、一門内の傍流が出陣した治承四年の富士川合戦や養和元年（一一八一）・寿永二

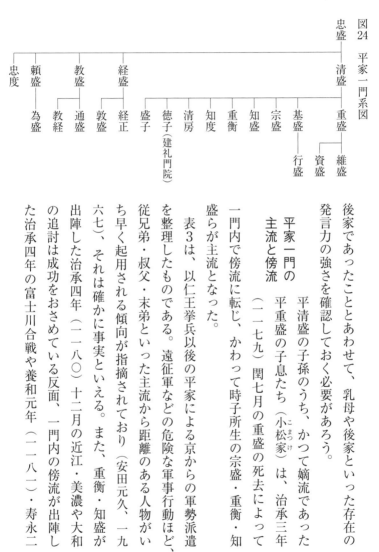

年（一一八三）の北陸追討で大敗を喫したことは、主流と傍流それぞれが保持する武力の差も示唆していよう。

ただし、追討使として派遣される一門や家人の選定には、当該地域に関わる立場も重視されていた。

治承四年九月に維盛の家人として東国追討に赴いた伊藤忠清は、上総介にして坂東「八ヶ国ノ侍ノ別当」であった。

養和元年八・九月や寿永二年四月に追討使として北陸に赴いた一門のうち、経正《つねまさ》は父経《つね》盛《もり》が若狭を知行しており、通盛《みちもり》は自身が越前守にして父教盛《のりもり》が能登を知行している。維盛も、父重盛が長く越前を知行していた（浅香年木、一九八一・髙橋昌明、二〇〇七）。

養和元年十月、諸国に追討使を派遣する計画を立てたさいは、頼盛が知行国紀伊に赴くという風聞があり、実際に発向したのは頼盛の男為盛《ためもり》であった。

こうして事例をあげると、維盛や伊藤忠清・平貞能《さだよし》といった小松家とその家人が目立つ。重盛は賊徒追討権を体現する存在であっただけに、平家の地域支配の要に位置したのであろう。重盛が清盛と対立し、彼が死去したことで、小松家の支配組織が弱体化し、一門内における小松家の後退は平家の諸国支配に混乱を招いたに違いない。鎮西の地域支配は平

経過・史料など
5/26宇治川で合戦, 勝利. 頼盛・通盛は淀路に向かう(槐, 玉, 親). 5/30勲功賞(槐, 玉).
?/?清盛が私に遣わす. 8/23下向先で頼朝の逆乱により石橋山で合戦, 勝利(玉9/11, 吾).
9/5追討宣旨発給(槐, 玉9/11). 9/22福原を発(槐). 9/29六波羅を発(槐, 玉). 10/19 ～ 10/20富士川合戦, 敗北(吉11/2, 玉11/5, 槐11/6). 11/5追討使, 帰洛(玉11/1 ～ 11/5, 槐11/6, 北11/4). 11/8追討宣旨(吉).
清盛が私に追討使を遣わす(玉9/19).「鎮西謀叛之者, 又以不能征伐」(玉11/1).
12/1平家継, 伊賀から進軍(丞12/1). 12/2知盛以下, 近江道・伊賀道・伊勢道から進軍(丞, 玉). 平信兼・源重貞,「相伴」(丞). 重衡・経正,「雖被仰下, 俄可祗候禁中」(丞). 12/15山本・柏木を追い落とす(玉). 12/22維盛, 京を発向(山, 玉12/23). 1/20美濃を平定(百, 玉1/25). 2/12知盛・清経・行盛, 知盛の病により帰洛(玉, 吾). 他の将は美濃に滞在.　⇒[治承五年②/?京から重衡が合流]
12/10山科で悪僧と戦(玉, 山). 12/11園城寺を焼く(玉12/12, 山12/12).
12/25京を発向(玉, 山). 12/27合戦, 焼き打ち(山, 玉12/28).
[治承4年12/知盛ら, 近江追討. 治承5年1/20美濃平定]⇒　2/?尾張の賊徒, 美濃に越え来たり田口成良の徒党を射散らし, 池田太郎を捕らう(玉2/28). ②/15重衡, 知盛の替として, 頼朝追討の院庁下文を相具し, 京を発向(玉). 3/10墨俣合戦, 勝利(吉3/13). 3/26兵粮欠乏のため帰洛(玉3/26, 3/27).
8/?備中にとどまり兵糧を請う(玉9/6). 養和2年(1182)肥後国務を押領, 目代を追う(吉3/30). 4?/?菊池高直, 降伏(吾4/11, 吉5/11). 寿永2年(1183)6/18帰洛(吉).
8/14北陸道追討宣旨発給(百). 8/15経正, 発向(吉). 8/16通盛, 発向(吉). 8/23加賀国住人, 越前国に乱入し大野, 坂北両郷を焼く(吉9/1). 9/6経正, なお若狭にあり. 越前・加賀国境で合戦. 実澄・最明が逆徒に同意. 経正を待っていた通盛, 合戦に敗れ敦賀に退く(吉9/10, 玉9/12).　⇒[養和元年9/行盛・忠度等, 発向]

表3 平家による京からの軍勢派遣（1180～83年）

年	月	追討対象	平氏一門	家人·その他
治承4年（1180）	5	南都方面, 以仁王	重衡·維盛·頼盛·通盛	藤景高·藤忠綱·藤忠清·藤景家·藤忠光·源重清
	?	関東, 源仲綱息		大庭景親
	9	東国, 源頼朝ら	維盛·忠度·知度·貞俊	藤忠清
	9	筑紫, 叛逆之者	?	?
	12	近江·美濃（駿河に至る予定）, 源氏など	知盛·通盛·忠度·清経·資盛·行盛·知度·知章·維盛	平家継·平盛澄·平貞能·藤清綱·平信兼·源重貞
	12	近江, 悪僧	清房	平盛俊
	12	南都, 悪僧	重衡	田口成良
治承5年（1181）＊7/14養和改元	②	尾張·東国, 源頼朝	重衡·通盛·維盛·忠度·知度	田口成良·池田太郎·平維時·平盛久·平盛綱
	8	鎮西, 菊池高直		平貞能
	8	北陸道	経正·通盛	平清家

[養和元年8/経正・通盛, 発向]⇒　9/11教経・行盛等, 副将軍として北陸に下向すべし(玉). 9/28行盛, 忠度, 発向(玉9/27, 百). 10/3維盛, 発向?（玉10/4, 玉10/10). 10/24襲い攻めんとしたが無勢により延引(玉10/27). 11/20通盛, 行盛, 帰洛(吉, 吾11/21). 経正, 若狭にとどまる(吾11/21).
8/16清綱等, 発向(吾).　＊他の史料に確認できないため, 要検討
10/16発向(百).
4/17維盛, 発向(百, 一, 皇). 4/26官軍, 越前に攻め入る(玉5/1). 5/3官軍, 加賀国に攻め入る(玉5/12). 5/11官軍, 越中に入り合戦, 敗北(玉5/16). 6/1加賀など諸所で合戦. 官軍, 敗北. 盛俊・景家・忠経, 権勢を争う(玉6/4, 玉6/5). 官軍, 帰洛(吉6/6).
7/16丹波に発向. 100騎(吉). 7/?大江山に帰る(玉7/22).
7/21資盛・貞能, 宇治田原に向かう. 3000騎(玉, 吉). 7/22近江に赴かず, 行家を迎撃の計画(玉). 7/24摂津国河尻で狼藉の太田頼助を鎮めるため, 行き向かう. 宗盛, 彼らを京に帰参させようとする(吉). 7/25資盛・維盛ら, 山崎から京に引き返す. 800騎(吉).
7/22知盛・重衡, 2000騎を率いて発向. 夜, 頼盛, 山科に下向(吉, 愚管抄巻五).
7/25行盛ら, 引き返す(吉).

じ日の場合は省略した. ⇒はその前後の［　］でくくった別の項目と関係あり.
経卿記』, 北：『北院御室御日次記』, 丞：『警固中節会部類記』所収『山丞記』,

	9	北陸道	行盛・忠度・教経?・維盛?	
	8	東国		平清綱・藤忠清・館貞保
	10	紀伊, 熊野山凶徒	為盛	
寿永2年(1183)	4	北陸道	維盛・知度・経正・清房・行盛	平盛俊・藤景家・藤忠経・藤忠清・藤景高・平盛綱・長綱・平盛澄・源季国
	7	丹波	忠度	
	7	宇治田原・近江, 源行家. 摂津, 太田頼助	資盛・師盛・貞俊・維盛	平貞能
	7	勢多	知盛・重衡・頼盛	
	7	大原辻・河合辺	行盛	

閏2月は②と表記.（　）には典拠となる史料略称を記し，その日付が出来事と同
史料略称などは以下の通り．槐：『山槐記』，玉：『玉葉』，吉：『吉記』，親：『親
吾：『吾妻鏡』，百：『百練抄』，一：『一代要記』，皇：『皇代暦』．

貞能の手腕をもっていったん再建できたが、北陸道は一門内でも後白河に近い諸家が関わっており（元木泰雄、二〇〇九）、やはり一門傍流を介した地域支配というあり方には困難が大きかったのであろう。

平家の家人と門客

平家家人といった場合、広義には平家に仕える者すべてを指すが、狭義には主従結合の強固な従者を指し、結合の度合が比較的ゆるやかな「門客《もんかく》」や「家礼《けらい》」と対比する用法もある。

寿永二年（一一八三）七月、都を落ちて福原に着いた平時子・平宗盛が「肥後守貞能、飛驒守景家以下ノ侍共」を召し集めて、次のようにいったという。「……何況《いかにいわんや》、汝等《なんじ》ハ、一旦従付ノ門客ニモアラズ、累祖相伝ノ家人也。或ハ近親ノ好、（他カ）仕ニ異ナル末モ有。或ハ重代ノ芳恩コレ深キ者モ有。……」（『延慶本』第三末―三十二）。

ここから、平氏に仕える者には、一時的に平氏に従った①「門客」と、祖先の頃から相伝されてきた②「家人」の区別があったこと、さらに②「家人」のなかにも、もとは平氏の一族であった②A「近親家人」と、異姓の②B「重代家人」という区別があったことがわかる。

時子・宗盛が語りかけているのは、宗盛らにしたがって都を落ちた「家人」三百余人であった。彼らは「争《いかで》カ吾君ヲバ捨奉ルベキ。廿余年、官位ト云俸禄ト云、身ヲ立名ヲ揚事モ、……」と異口同音に申したという。二十余年とあることから、「家人」と意識される集団の出現は平治の乱（一一五九）の頃であり、都落ちのさいに平氏を見限った「門客」が平家一門に属したのはそれ以降ということになろう。保元・平治の乱を経て、在京武力の第一人者となり公卿にも列した清盛の下に、それ以前は接点のなかった武士も属すようになったのである。

門客と在京

狭義の平家家人は、伊勢・伊賀を本拠とする武士や、備前の難波経遠《なんばつねとお》、備中の妹尾兼康《せのおかねやす》といった瀬戸内の武士である。

いっぽう、門客の具体例として、畿内・西国では紀伊の湯浅宗重《ゆあさむねしげ》や阿波の田口成良《たぐちしげよし》があげられる。また東国では、仁安年間に安楽寿院《あんらくじゅいん》領下野国足利荘をめぐる紛争を解決した重盛に属した足利俊綱（『吾妻鏡』養和元年九月七日条）があげられる。この足利俊綱がそうであるように、一門内の各家に属していた者は、家人のみならず門客にも多く確認できる。

例えば甲斐の秋山光朝《あきやまみつとも》・加々美長清《かがみながきよ》兄弟は、ともに平知盛に属して在京していた。彼らは、治承四年（一一八〇）八月頃から関東下向の意志を抱くようになり、老母の病気にかこつけて暇《いとま》を申請したが、許されなかった。そこで高橋盛綱《たかはしもりつな》と世上の雑事を談話したさいにこのことを話した。盛綱は、「家礼」として扱うのも怖畏があるのに、本国への下向を抑留するのは「家人」を服仕するに似た行いであるとして、知盛に加々美の下向を許可するようとりなした。その結果、長清はいったん下向の許しを得て関東に下向し、光朝は在京を続けたという（『吾妻鏡』十月十九日条）。この記事は、人身的な支配＝隷属関係に縛られた「家人」型主従関係と、去就・向背を権利として有する「家礼」型主従関係の区分が確認できる史料としても著名であり（佐藤進一・大隅和雄、一九五九）、既述の「家人」と「門客」の区別に通底するものがある。

門客のなかには、平家一門が荘園所職や知行国を獲得したことが契機となって、主従関係を結んだという者ももちろんいるであろうが、すべての者にそうした関係を想定することは困難である。また足利俊綱のごとく紛争解決が契機となった者もいたであろうが、賊徒追討宣旨を得た重盛以外の平家一門に仕える者も複数存する。

では、彼らはどこで平家一門と接点を持ったのか。ここで想起されるのが、平家政権期に多くの武士が在京経験を有したことである（野口実、一九八二・五味文彦、一九七九）。その階層も、軍事貴族のみならず侍層武士に及んでおり、例えば『吾妻鏡』元暦元年（一一八四）六月一日条には、小山朝政《おやまともまさ》以下九人の武士がみな「京都に馴るるの輩」とみえる。

従来、彼らの在京の契機としては大番役が重視されてきた（五味文彦、一九七九）。大番役については、平家の家人のみが勤仕したとする家人役説と、列島各地の国衙が把握した国内武士が勤仕したとする公役説があり、なお見解の一致をみない。その主たる要因の一つは、既述の門客が、そのゆるやかな主従関係ゆえに、平家と主従関係を結んでいない者と区別しにくいことにある。

ここで踏まえておくべきは、地方武士にとって在京することには意味があり、大番役と無関係に在京する武士も多数いた点である。かつては武士といえば在地で活動する存在であり、わざわざ在京するからには何らかの強制力があったという考えがあったものと思われる。しかし、今日に至る武士論研究の進展により、武士にとって京が重要な活動の場であったことが明らかにされている（伊藤瑠美、二〇一四）。

先に、甲斐の秋山光朝・加々美長清兄弟のうち、秋山光朝が在京し続けたとしたが、光朝はその後、寿永二年（一一八三）に入京した木曾義仲に属し、さらに寿永三年正月に入京した源範頼に属している（『吾妻鏡』元暦二年正月六日条）。相模の渋谷重助《しげすけ》も、平家について在京しており、平家都落ち後も京で木曾義仲、さらには源義経に属している（『吾妻鏡』元暦二年四月十五日条）。

内乱期には、在国して自領を敵対勢力から保全するため、在京していた東国武士が下向を希望し、平家がそれを抑留（するが、最終的に東国武士は下向）するという事例が複数存するが、そのようななかでも秋山や渋谷は、在京し続けること自体を重視していたのである（長村祥知、二〇一〇）。内乱期には、京から本領に帰国する武士が多数派であったが、官位の上昇や在京の権門との直接的な関係の構築・維持を最重視していた武士も一定数いたのである。内乱が始まる前であれば、なおのこと在京していた武士も多かったに違いない。

すなわち、大番役その他の理由で在京していた地方武士が、それぞれ平家一門諸家と個別的に主従関係を結び、門客となった場合が多かったと考えられるのである。

ただし、源氏の「累代御家人」が当初は頼朝に敵対したことからも明らかな通り、軍事行動をとるさいは主従関係よりも状況を重視することが多く、家人よりも結合のゆるやかな門客であれば、なおさら主人の意に沿う行動をとるとは限らない。さらに平家の場合、一門諸家が各別に主従関係を結ぶというあり方が色濃く、各地の平家方が一致団結するような組織的緊密さを有していなかった。かくして、東国の平家方は反平家軍に各個撃破され、富士川合戦の日を迎えることになるのである。

3 頼朝と関東

富士川合戦

頼朝挙兵の報が京都に伝わったのは、九月三日頃であった。続けて九月六日には、賊軍五〇〇騎と官兵二〇〇〇騎が合戦し、賊が山中に逃げたという石橋山合戦の勝報が届いている（『山槐記』九月七日条。『玉葉』九月九日条）。

今回も、先遣隊ののち本隊を派遣するという軍勢派遣方式が予定され、東国の大庭らの活躍に続いて、京でも九月五日に頼朝追討宣旨を発して東海道・東山道の武勇の者を公的に動員している。追討使は平維盛・忠度《ただのり》・知度《とものり》であった。彼らはいずれも、宗盛を後継者とする平家一門では傍流である。清盛自身が厳島や宇佐《うさ》に赴き、従来通り福原への首都移転を進めていることとあわせて、当初は東国の反乱問題を重視していなかったことがうかがえる。追討軍の発向は二十二日の予定だったが、戦勝報告が届いた九月六日には、発向を遅らせるのではないかという予測もあった。

結局、追討使維盛は、九月二十二日に福原を発していったん京に滞在し、二十九日に六波羅を出発した。追討軍が在京中の九月二十八日には比叡山の大衆が蜂起したとの風聞もあり、十月二日以前には東国追討使の軍兵徴発に対して近江国の住人が反発し、たびたび合戦が起こっている。

追討軍は十月十三日に駿河国手越駅（静岡市）に着き、十月十六日に同国高橋宿（静岡県清水市）に着いた（『玉葉』十一月五日条）。そこで彼らは路頭に懸けられた八十余人の首をみた。というのは、十月十四日に駿河目代橘遠茂が長田入道を率いて甲斐に攻め入ったが、鉢田で武田一族に迎撃され大敗を喫していたのである。追討軍の戦意を低下させる要素は他にもあった。十月四日には、かつて平家方だった武蔵の畠山重忠・河越重頼・江戸重長が頼朝に帰参していた。十月十八日には、追討軍に加わろうとした大庭景親が、頼朝が大軍を率いて足柄《あしがら》を越えたと聞き、河村山に逃亡していたのである。

富士川合戦は頼朝軍が勝利した。同時代史料としては、帰洛した追討軍関係者の話を記録した吉田経房の日記『吉記《きつき》』十一月二日条、九条兼実《くじょうかねざね》の日記『玉葉』十一月五日条、中山忠親《なかやまただちか》の日記『山槐記』十一月六日条などがある。これらの史料によれば、十月十九日未明か二十日未明までに、追討軍は源氏方の使者を斬った、しかし追討軍は兵が多数逃亡・降伏するなどして激減しており、戦闘前に退却を検討していた、そこへ敵勢が襲来し、大量の水鳥の羽音が聞こえたこともあって、潰走したという。『吉記』には手越の宿館の失火は配下にしたがってきた坂東の輩が放火したとあり、他の史料からも、追討軍に強制的に動員した近江以東の兵士が武力として有効に機能しなかったことがうかがえる。

富士川合戦に勝利した頼朝は、上洛を企図したが、千葉常胤らの反対により断念し、十一月五日に常陸国の佐竹義政・秀義兄弟を攻略している。その後も、頼朝は自身が上洛する計画を何度か立てたが、建久元年（一一九〇）まで実現していない。

頼朝の関東定着と近江・美濃・若狭の反乱

しかし、東国の諸勢力の詳細な動向を知らない京では、富士川合戦後の近江・美濃・尾張・三河・遠江の反乱を頼朝と関連付ける理解もあった。富士川合戦敗北の報は、十月二十八日には京に届いた。十一月一日に駿河から伊藤忠清が平宗盛に送った情報には、頼朝は数万騎で一一ヵ国がすでに同志となっており、官兵はわずかに千余騎なので対抗できない、とあった。維盛ら追討軍は、もと五〇〇〇騎だったのが、追い帰されて近江に到着する十一月一日頃には三、四〇〇騎になっていたといい、実際に十一月五日に入京した軍勢は数十騎であった。

すでに反平家の動きは、東国のみならず畿内近国でも広がっていた。十一月六日には重ねての追討使に教盛・経盛らの子（あるいは頼盛・教盛とも）を遣わすという計画が京に伝わり、十一月八日には宗盛・教盛自身が赴くという計画が伝わっているが、これは実行されていない。十一月八日には遠江以東一五ヵ国が反乱軍に与力しているとの説もあった。

十一月八日には、源頼朝・武田信義を討つべく、美濃国を中心に東海・東山・北陸道の武勇の者を動員する追討宣旨を発した。しかし、十一月十二日には関東逆党が美濃に来たという風説があり、まず美濃源氏に対して清盛の私郎従を遣わしたのち、追討使を遣わすべきだという意見もあった。結局、十一月十七日以前に美濃源氏は関東の凶賊に与力し、美濃・尾張を占領している。

四　木曾義仲の上洛

1　木曾義仲の挙兵

木曾義仲と信濃・上野

頼朝に続いて、治承四年（一一八〇）九月頃、木曾義仲も信濃国で挙兵した。『吾妻鏡』九月七日条に信濃国「市原」（市村とする論者もあり）で平氏家人の笠原頼直《かさはらよりなお》と合戦して勝利したとある。『延慶本』第四―（二十三）に記される法住寺《ほうじゆうじ》合戦前の義仲の回想によれば、信濃国「小見・会田」（麻績）の合戦が初戦であったといい、笠原と戦う前に挙兵していたようである。

義仲の軍勢は木曾から麻績《おみ》（長野県麻績村）・「市原」へ北上したとする理解が一般的である。しかし、のちの横田河原《よこたがわら》合戦などで義仲にしたがった主要な武士が東信濃・西上野を名字地とすることを勘案すると、木曾での挙兵はごく小規模なもので、本格的挙兵は東

図25　旗挙八幡宮（木曽町）

図26　木曾義仲挙兵の地（上田市）

図27　治承4年11月13日木曾義仲下文（「市河文書」本間美術館所蔵）

信濃であり、そこから北信濃の市村に向かう途中に麻績で合戦があったとする菱沼一憲の理解が的確であろう（菱沼一憲、二〇一一）。

京には九月十三日に、信濃国が東国の反乱に「与力」したという報が届いた（『玉葉』）。確かに義仲の挙兵は頼朝挙兵以後の南関東の混乱に乗じたもので、頼朝と同様に反平家活動を展開したが、実態としては頼朝に「与力」していたというよりも、むしろ頼朝とは競合する勢力であったとみたほうがよい。

やがて義仲は、亡父義賢の勢力基盤であった上野国多胡に行き、平家方勢力である藤原氏秀郷流の足利俊綱が民間を煩わせていることに対して、「恐怖の思いを成すべからざるの由、下知を加」えている（『吾妻鏡』十月十三日条）。

治承四年十一月十三日「木曾義仲下文」（本間美術館所蔵市河文書。『平安遺文』八―三九三七。原漢文）

（端裏書）「これはきそとの丶御下文　（継目花押）」

下す　資弘所知等

早く旧の如く安堵せしむべき事

右、件の所、元の如く沙汰を致すべき状、件の如し。

治承四年十一月十三日

源（花押）

（切貼紙付箋）「あんとの御はん
きそとの丶御下文」

右の史料は、上野在国中の義仲が藤原資弘《すけひろ》（助弘）に所領を安堵（所領支配権を承認）した文書である。藤原資弘は、かつて嘉応二年（一一七〇）二月七日「某下文」（市河文書。『平安遺文』七巻三五三一号）で信濃国中野《なかの》郷西条《ごうにしじょう》下司職に補任されるなど、信濃北部（長野県中野市周辺）を本拠としていた。すなわち当時の義仲の勢力は、西上野から東信濃のみならず北信濃まで及んでいたのである。

治承四年十二月二十二日には、源頼朝が上野の新田義重を帰参させた。義仲は衝突を回避するため上野から信濃に戻った（『吾妻鏡』十二月二十四日条）。ただし、このあとも義仲は西上野に影響力を維持していたようで、翌年六月の横田河原合戦でも義仲方に西上野武士が属している（菱沼一憲、二〇一一）。

平家の東国追討体制

頼朝・義仲が挙兵した頃、京では平清盛が福原への遷都を進めていた。高倉上皇や平家一門・親平家派貴族にも福原遷都に反対する者は多かったが、治承四年（一一八〇）八月下旬には福原を正式の首都とする構想が確定し、十一月十一日には新造御所が完成して安徳天皇が移徙《わたまし》（転居）した。

しかし、富士川合戦の敗北を目にして、清盛も旧都（平安京）への還都を視野に入れるようになった。十一月二十六日に安徳天皇・高倉上皇・後白河法皇は旧都に帰り、十一月二十九日には清盛も福原から上洛した。

清盛が還都に同意したのは、東国追討使が帰洛した直後の十一月十日頃のことであり、当時は改めて東国に追討軍を派遣するという計画も出ていた。上皇や近しい貴族、さらには一門内にも還都主張者がおり、追討軍の編制・動員に天皇の権威高揚が必須という状況で、清盛は追討軍の編制を万全なものとすべく、福原から京への還都を決断したのである（元木泰雄、一九九六）。

十一月十七日以前に、清盛は熊野と鎮西の菊池《きくち》を宥免しているが、これは、大和と近江以東の反乱鎮圧に専念するためであろう。

清盛は反乱鎮圧の遂行のため、貴族社会を組み込んだ追討体制の構築を進めた。十二月十日には高倉院の院宣という名目で、兵糧米を諸国に賦課し、兵士を公卿や国司・荘園領主に賦課している。

また清盛は、関東・甲信地域の背後に働きかけていたらしい。十二月三日には、越後の城《じよう》助永《すけなが》が甲斐・信濃を攻め落とす旨を清盛に申請したことや、上野・常陸に頼朝に背く者が現れたとの風聞があった。十二月四日には、奥州の藤原秀衡が清盛の命により頼朝を討つ旨を記した返書が届いている。

近江・美濃の反乱追討

還都により追討体制を整えた清盛は、反乱鎮圧の第一歩として、大和と東国に軍勢を派遣した。

大和には十二月二十五日に平重衡が発向し、二十七日の合戦で興福寺・東大寺が焼失することとなった。

東国には、十二月一・二日に近江から駿河まで次第に攻めることを予定した大軍を派遣した。十二月十二日には「武田之党」が遠江・三河を討ち取ったという報が京に入ったが、これは安田義定《やすだよしさだ》の下にいた源行家のことと考えられる（長村祥知、二〇一一）。尾張・美濃は以前から近江の反乱に与力しており、近江東部の賊徒の抵抗も激しく、すぐには攻め落とせない様子であった。しかし十二月十三日に平知盛・資盛が山本義経《やまもとよしつね》・柏木義兼《かしわぎよしかね》ら徒党千余騎を追い落とし、二〇〇人を梟首し、四十余人を捕縛した。また十二月十三日には伊勢武士が美濃に攻め入っている（『玉葉』十二月十四日条）。追討軍が近江の反乱を鎮圧したのは、治承五年（一一八一）正月十一日のことであった。

近江の追討軍は、そのまま軍勢を進め、正月十八日以前に美濃国の源光長の城を攻め落とした。さらに正月二十日に美濃国蒲倉城《かまくらじょう》に籠もっていた美濃・尾張の反平家軍や近江の残党を攻め落とし、美濃を平定したことが、正月二十五日に京に伝わっている。

しかし、二月一日以前に、遠江の安田義定の下にいた源行家が、三河から尾張に軍を進めていた。京では、やがて源行家と墨俣川《すのまたがわ》で合戦することをみこして、二月七日に官使・検非違使を美濃に派遣し、渡舟などを徴集して官軍に渡すよう宣下している。また熊野勢力も正月から伊勢に打ち入っており、伊勢の内外宮に及ぼうとしたのに対して平信兼が迎撃したことが、二月十一日に京に伝わっている。

二月一日頃は、追討軍も激戦続きで疲弊しており、近江・美濃辺りで休息していた。他の将を残して、大将軍知盛は体調不良のため二月十二日に帰洛した。替わって重衡が東国に出陣する予定だったが、二月十六日頃には、重衡を鎮西に派遣するという案も起こっている。二月二十六日以前には、関東の徒党が数万に及び、尾張の追討軍が弱体なため、重衡の鎮西下向計画を停止して、宗盛ら一族武士が閏二月六・七日頃に下向するという計画も出ていた。しかし、それらは清盛の病により中止されることとなる。

以上のように、知盛・重衡といった一門主流の有力武将が出陣し、還都にともなう軍事動員が機能したことで、近江・大和とその周辺の反乱は鎮圧された。しかし、平家もそれ以上の軍勢派遣はとどめることとなったのである。

京では追討軍を派遣するのと並行して、それを支える体制の構築も進んでいた。

平清盛の死去

治承五年（一一八一）正月十四日には高倉院が二一歳で没し、後白河院政が再開されるが、それに先立ち正月四日には、平知康《ともやす》・大江公朝《きんとも》・武田有義《ありよし》・小河重清《おがわしげきよ》らを解官している。

このうち武田有義は、かつて平重盛に仕えていたが、反乱の中心的人物たる甲斐の武田信義の男であった。治承四年十二月二十四日には、何者かが武田有義の妻子の首を切り、武田の京宅の門前にさらしている。尾張の小河重清は治承五年正月に美濃で反乱軍として討たれる（『吾妻鏡』二月十二日条）。

平知康・大江公朝は後白河院北面であり、特に知康は当時第一の後白河院近臣であった。武田・小河のような反乱への関与が明白な者とともに平知康ら院近臣を解官したのは、後白河がひそかに反乱軍を支持する動きを取らないよう警告し、高倉の死去後、形式的には院政の主となる後白河が実権をふるわないように牽制すべく、手足となる者を処罰したのであろう。

さらに治承五年正月十八日、亡くなったばかりの高倉上皇の遺詔と称して、平清盛の子の宗盛を五畿内（山城・大和・和泉・河内・摂津）と近江・伊賀・伊勢・丹波の惣官とする宣旨が下された（『玉葉』正月十九日）。宗盛の惣官は、天平三年（七三一）十一月に新田部《にいたべ》親王が大惣管、藤原宇合《うまかい》が副惣管に任命され、京・畿内の兵馬差発など軍事警察に関する広範な権限が与えられたことを先例とする（ただし、宗盛の官職は惣官と表記される）。これにより、平家が畿内近国九ヵ国を統轄的に支配し、物資や軍勢を広域的に徴集・編制するという、当時常置の官職では想定されていない強力な権限を獲得したのである。

ただし治承五年二月、突然の病により相当な高熱を発した清盛は、閏二月四日に九条河原口の平盛国《もりくに》邸で死去した。六四歳の生涯であった。閏二月六日、清盛の没によって平家一門を率いることとなった宗盛は、後白河に政権を返上した。同日、後白河院の殿上での関東逆乱についての議定で、廷臣の意見は逆賊を宥《なだ》める方針に決した。しかし、それを伝えられた宗盛は、東国追討の継続を強く主張した。

清盛は死の直前に「我が子孫、一人生き残る者といえども、骸を頼朝の前に曝すべし」と遺言したという（『玉葉』治承五年八月一日条）。確かに父の喪中にもかかわらず、平重衡は閏二月十五日に東国の追討に発向したが、『明月記《めいげつき》』によればそれは清盛の遺言によるものであった。

重衡が加わった美濃の追討軍は、三月十日の墨俣合戦（岐阜県大垣市周辺）で源行家に勝利し、頼朝弟の義円を討ち取った。さらに熱田社（愛知県名古屋市）に籠もった行家を追い、三河国矢作《やはぎ》（同岡崎市）の合戦でも行家に勝利した（『延慶本』第三本―二十二）。しかし追討軍は、養和の飢饉と称されるほどの深刻な兵糧欠乏のため帰洛した（『玉葉』三月二十七日条)。

保元・平治の乱を勝ち抜き、太政大臣に至った父清盛とは違い、かつ相対的に若齢の宗盛が、後白河を抑えこむことは困難であった。反乱が続発する情勢もあって、清盛の意志のすべてを継承・発展できないなかで宗盛がもっとも重視したのが、東国追討の遂行という遺言だったのであろう。宗盛は、政治の主導権を返すことで後白河の権威を高めるとともに、それを最大限利用して追討活動を遂行しようとしたのである。以後も、後白河が政治を主導し、宗盛は頼朝との和平を拒絶して追討戦を遂行することとなる。

2 治承五年の情勢と横田河原合戦

頼朝の源氏一門統制

清盛の死や飢饉により、平家の追討軍が東国に到達することはなかった。飢饉による苦難は東国も同様であったが、この間に頼朝は、有力な源氏一門に対しても自身との主従関係を強調した。

京の三善康信から、治承五年（一一八一）二月七日に院殿上で武田信義に頼朝追討の院庁下文が下される旨が定められたとの報が入った。そこで頼朝が真偽をただしたところ、信義は駿河から鎌倉にやってきて、子々孫々まで頼朝子孫に弓を引かない旨の起請文を書いて提出した（『吾妻鏡』三月七日条）。

七月二十日には、鶴岡若宮宝殿の上棟にあたり、工匠に与える馬を引かせる役を弟の義経にさせている。この役を畠山重忠や佐貫広綱《さぬきひろつな》と組んでさせることで、弟といえども彼らと同様に御家人の一人にすぎないことを明示したのである。

なおこの日には、治承四年に安房で三浦に討たれた長狭常伴の郎等だった左中太常澄《さちゅうたつねずみ》が頼朝襲撃を企図し、下河辺行平《しもこうべゆきひら》が捕らえるという事件も起こった。この勲功で下河辺行平は下総国衙の所役である貢馬を免除されている。

八月十二日には京に、下野の足利俊綱が頼朝に背いたとの風聞や、頼朝が甲斐の安田義定を討ったとの風聞が伝わっている。安田義定については誤報であったが、こうした関東での内部分裂の萌芽が存したため、頼朝は戦闘の継続を避けたかったようで、八月一日以前に、頼朝から後白河に源平相並んで仕えるべきだと和平を申し出ている。これに対して平宗盛は、清盛の遺言をあげて拒否し、八月十四日に平泉の藤原秀衡を陸奥守に補任して頼朝を牽制している。

養和二年（寿永元年＝一一八二）は、飢饉の影響もあり、既述のほかは軍事的に大きな動きはなかった。

義仲の勢力拡大

治承五年（一一八一）閏二月の平清盛の死去に続き、同年春には、義仲追討の準備を進めていた越後国の城助永も頓死した（『玉葉』三月十七日条、『吉記』六月二十七日条）。

すでに北信濃では、城氏の下に結集する笠原頼直らの平家方と、義仲を支持する村山義《むらやまよし》直《なお》・栗田《くりた》寺別当範覚《はんかく》らの非平家家人が対立していた（『吾妻鏡』治承四年九月七日条）。平清盛と城助永の死去により、義仲が優位になったことで、義仲に所領の安堵を求める声も大きくなったようである。例えば治承五年四月十五日付の「木曾殿御下文」を、信濃国笠原郷の「□□次郎行連」が受給したことが、のち文永八年（一二七一）五月日「神信親所帯証文目録」（蓬左《ほうさ》文庫所蔵金沢文庫本『斉民要術《せいみんようじゅつ》』巻十紙背文書。『鎌倉遺文』一四―一〇八三六）に所見する。

なお、『吾妻鏡』治承五年五月十六日条に「村山七郎源頼直の本知行所、今更相違有るべからざるの由仰せらる。その書き様、村山・米用、件の所本の如く村山殿御沙汰たるべしと云々。これ武衛（源頼朝）の安否未定の時、懇志を運《めぐ》らし、城四郎（助職）等と戦うの功を以て、事において優恕せらると云々」とあるが、後述する横田河原合戦が治承五年六月に起こったことを勘案すると、後年の記事を誤って治承五年にかけたものと考えられる（郷道哲章、一九七三）。

横田河原合戦　越後国の城助永は没したが、その弟の助職《すけもと》（のち長茂に改名）も信濃への侵攻を企図していた。

治承五年（一一八一）六月、義仲は、越後の城助職を信濃国横田河原（長野市）に迎撃して勝利した。なお、城助永の死去や横田河原合戦の月日は『吾妻鏡』（治承五年九月三日条に城「資永」の死去記事を載せる）や『平家物語』諸本で異なるが、『延慶本』第三本―二十六・同二十七が同時代史料の記述に合致する（橋本芳雄、一九八一）。

九条兼実のもとには、藤原兼光《かねみつ》が次のような情報を伝えている。

城助職は越後の国人から「白川御館」と号されていた。平清盛・宗盛の命によって、六月十三・十四日に城助職が万余騎で信濃に攻め入ったところ、当初は抵抗する者なく勝った気でいた。助職がさらに国内に散在する城を攻めようと考えていたところに、「信乃源氏等、三手に分かれキソ党一手、サコ党一手、甲斐国武田之党一手、俄《にわか》に時を作り攻め襲」った。これにより、助職は疵《きず》を負い、甲冑を脱ぎ弓箭《きゅうせん》を捨て、わずか三百余人のみを率いて越後に逃げ帰った。残る九千余人は討死・死亡・逃亡した。越後国の在庁官人たちが日頃の恨みを晴らそうと助職を攻撃したため、助職は「藍津の城」（陸奥国の会津）に籠もったところ、陸奥の藤原秀衡が郎従を派遣し、押領しようとしたため、佐渡国に逃げ去った。そのときに連れていたのはわずか四〇～五〇人であったという。このことは越後を知行する藤原光隆《みつたか》が確かな情報だといって後白河院のもとで語っていた。のちに、佐渡に逃げたというのは誤りという情報を聞いた（『玉葉』治承五年七月一日条）。

城氏と戦ったのは「キソ党」「サコ党」「甲斐国武田之党」の三手であった。「キソ党」は義仲率いる勢力とみてよい。「甲斐国武田之党」は武田信義の一門であろう。「サコ党」は信濃国東部の佐久《さく》地域を本拠とする清和源氏義光流・平賀一族の可能性が高い。

のち建治元年（一二七五）「六条八幡宮造営注文」の「越後国」の項に、北信濃の村山氏・高梨《たかなし》氏、東信濃の平賀一族の金津《かなづ》氏・木津《きつ》氏、甲斐武田一族の平井氏が所見し、彼らは、源頼朝挙兵以降に越後に新恩地を給与された東国御家人が「鎌倉中」や本貫地所在国に記載されるのとは区別されている。彼らは、横田河原合戦後に義仲が城助職を追撃して越後国府に入ったさいに（『延慶本』第三本―二十六）、義仲とともに越後国内の現地を占領した諸家と考えられている（高橋一樹、一九九七）。

また武田信義・平賀義信《よしのぶ》と同じ清和源氏義光流佐竹氏庶流の岡田親義《おかだちかよし》は、義光の曾孫にあたるが（『尊卑分脈』三―三一八・三五三頁）、彼の名字地は信濃国岡田郷（長野県松本市）に比定できる。岡田親義はのち「寿永二年（一一八三）五月、北国砥並山合戦ノ時、参河守平知度朝臣の為に討死」するが（『佐竹系図』「群書系図部集」第二―四七〇頁）、義仲に属して最期を迎えるこの岡田親義も「サコ党」の構成員として横田川原合戦後に越後に進撃した可能性が高い。

また一四世紀半ば以前に洞院公賢《とういんきんかた》が編んだ『皇代暦《こうだいれき》』には、このとき義仲とともに「二科二郎」（仁科盛家《にしなもりいえ》であろう）も城助職を追い落としたと記される。

義仲をはじめとする反乱軍に敗北を喫し、城助職は相当に追い詰められた。そこで平宗盛は朝廷を動かし、八月十四日には藤原秀衡を陸奥守に補任し、城助職を越後守に補任した。九条兼実がこの補任を「天下の恥」というように（『玉葉』八月十五日条）、彼らの父世代に比して破格の厚遇であった。藤原秀衡に対しては、陸奥の支配を名実ともに認めることで懐柔をはかり、親平家勢力への攻撃を中止させ、さらには関東の源頼朝への牽制を期待したものであろう。『吾妻鏡』八月十三日条には、秀衡に頼朝追討が宣下され、「城資永（ママ）」に義仲追討

図28　清和源氏義光流系図

源義光┬義業―昌義―岡田親義
　　　├義清―清光―武田信義
　　　└盛義―平賀義信

が宣下されたとある。

しかし越後は、横田河原合戦ののち、義仲が「押領」（『延慶本』第三本―二十七）しており、越後守に補任された城助職が同国の支配を回復した形跡はない。さらに『皇代暦』には、越後国以南の越前・能登まで義仲らが押領したと記されている。

義仲自身は信濃に戻ったらしく、『延慶本』第三末―八には義仲が寿永二年（一一八三）四月の時点で信濃にいたとある。

北陸道の反乱

すでに北陸道では、治承四年（一一八〇）十二月に越前で「叛逆」が起こっていたが（『山槐記』十二月二十二日条）、しばらく大きな動きはなかった。そこへ治承五年（養和元年）六月の義仲の横田河原合戦勝利が影響を与えたようで、七月以降は越中・加賀・越前や能登でも内乱状態となった（『玉葉』七月十七・二十四日条）。さすがに平家としてもこの状況を放置できず、京から北陸道に向けて、八月十五日に平経正、十六日に平通盛が追討使として発向した（『吉記』八月十五・十六日条）。しかし八月二十三日には加賀の反乱軍が越前まで乱入し（『吉記』九月一日条）、九月六日に追討軍の平清家《きよいえ》が加賀と越前の国境で合戦したさいも、当初官軍に属していた越前斎藤氏の稲津実《いなづさね》澄《ずみ》・最明が逆徒に属したため苦戦し、通盛は越前国府（福井県越前市）から敦賀《つるが》に引き退いた。

なお『吾妻鏡』八月十五日条・同十六日条は、平経正・通盛が木曾義仲を追討するために出陣したと記すが、当該期の北陸道諸国の内乱の主体は貴族の日記に記される「住人」や「国人」と考えられる（浅香年木、一九八一）。『吾妻鏡』九月四日条に、義仲の「先陣根井太郎《ねのいたろう》」行親《ゆきちか》が越前国水津《すいづ》（福井県敦賀市）で平通盛の軍と戦ったとあるのも、反乱軍の主体は北陸の在地勢力であろうが、義仲が後方から援軍を派遣していたことを示していよう。

九月二十七日には平行盛《ゆきもり》・忠度も発向したが（『玉葉』九月二十七日条、『百練抄』九月二十八日条）、結局反乱を鎮圧できないまま、十一月二十一日に通盛・行盛は帰洛し、経正もしばらく若狭に逗留したのち帰洛した。

京の平宗盛は十月に京から北陸道、東海・東山道、紀伊に大軍を派遣する計画をたてたが（『玉葉』十月四・十日条）、平頼盛の男為盛を紀伊に派遣した以外は、実行にうつせなかった。

北陸道に及ぶ広域的権力

以上の通り北陸道では反乱軍が優勢であったが、平家主体の追討使が迫り、広域的権力形成の中核が北陸道に存在しないなかで、在地勢力から、信濃にいたと思われる義仲を推戴する動きが生じた。次にあげるのは、義仲が能登国国衙領の四ヵ所を在地武士の得田章通《とくだのりみち》に安堵した文書である。

治承五年（一一八一）十一月二十四日「木曾義仲下文写」

（石川県立図書館所蔵『雑録追加』巻七。『加能史料 平安Ⅳ』五三六頁。原漢文）

下す　藤原章通

早く知行せしむべき所々地頭職《じとうしき》の事

得田保　大町《おおまち》保　甘田《あまだ》保

神代《かくみ》社　已上四ヶ所

右の人、件の職たるべきの状、仰する所件の如し。住人宜しく承知し、違失するなかれ。故に下す。

治承五年十一月廿四日

(紀年の上に貼紙)「源（花押影）」

義仲がこの文書を発給する前提として、得田章通が義仲に所領安堵を申請していたことはいうまでもない。

こうした在地の動向により、平家主体の追討軍は「無勢」のために攻撃を延引するといったこともあり（『玉葉』十月二十七日条）、反乱は鎮圧できなかった。十一月二十日に平通盛・行盛が帰洛した（『吉記』、『吾妻鏡』十一月二十一日条）。

その後、治承六年（養和二年）二月に、義仲は円宗寺《えんしゅうじ》領越中国石黒荘《いしぐろのしょう》（富山県南砺市周辺）の弘瀬《ひろせ》村下司職を藤原定直《さだなお》に安堵している。このことは、弘長二年（一二六二）三月一日「関東下知状」（尊経閣《そんけいかく》文庫所蔵文書。『鎌倉遺文』一二―八七七五）に、石黒荘弘瀬の地頭職をめぐる相論で、藤原定朝《さだとも》が弘瀬村下司職相伝の根拠として祖父定直の補任を記した「留守所治承五年八月・木曾左馬頭同六年二月下文」を提出したとあることに確認できる。治承五年八月の段階で藤原定直は、おそらく平家に反乱を起こしていた在地領主層が主体の越中国留守所から安堵を得ていたが、治承六年二月には義仲をより上位の権力とみなして安堵を求め、義仲は下文を発したのである。義仲は北陸道の、少なくとも能登・越中以東の広域に影響力を及ぼす存在となっていた。

その後、治承六年（養和二年＝寿永元年）の間は、養和の飢饉の影響もあって戦線が膠着していたらしく、史料上に義仲自身の動向はほとんど確認できない。

図29　宮崎城跡の北陸宮墳墓（朝日町）

ただし、三月二十一日に北陸の賊徒が越前に赴いたとの報が近江の源重貞から京に届き、九月二十日には北陸賊徒が近江進出を企てているとの報が京に届いている。

七月二十九日には、以仁王の遺児の若宮が京から東国に向かい、八月十一日には藤原重季《しげすえ》が若宮を連れて越前に入ったという情報が九条兼実に伝わっている。この若宮はのちに北陸宮と呼ばれ、寿永二年（一一八三）に入京した直後の木曾義仲が新帝に推挙する人物である。『延慶本』第二中—二十四には、藤原重季は以仁王の乳母夫で越中国宮崎《みやざき》（富山県朝日町）に御所を建てた、そこで宮が元服したので「木曾ノ宮」と称したとある。

義仲の関与が深まった北陸道は、他地域に比しても活発に反乱の動きを示していたのである。

3 義仲の上洛・入京

源行家の動向

『平家物語』諸本は、寿永二年（一一八三）春、義仲が源行家を保護したことと武田信光《のぶみつ》の讒言《ざんげん》によって、義仲と頼朝の関係が悪化したとする。まずは行家の動向を確認しておこう。源行家は、治承五年（一一八一）三月に墨俣・矢作で平家方の追討軍に敗れた。しかし追討軍が兵糧欠乏で帰洛したため、行家は三河にとどまり、同年五月には伊勢大神宮に幣物《へいもつ》を捧げて平家追討の上洛への助力を依頼した（『吾妻鏡』寿永元年五月十九・二十九日条に、「治承五年」の文書が引用される）。しかし太神宮は行家の要請を断り、さらには行家が告文を奉った旨を京へ密告している（『玉葉』治承五年六月六日条）。

なお、行家が三河国府（愛知県豊川市）にいるときに、のちに木曾義仲の右筆《ゆうひつ》となる信《しん》救《ぎゅう》（大夫房覚明《たゆうぼうかくみょう》《かくめい》）が行家に属している（『延慶本』第三末―十七）。

図30　埴生八幡宮の義仲銅像（小矢部市）

その後、行家は同年十〜十一月頃には尾張に進出したようだが（『玉葉』十月二十七日条、『吾妻鏡』十一月五日条）、それ以上進むことはなく、京の平家も軍勢を派遣する余裕がなかったため、美濃・尾張で特に大きな合戦は起こっていない。

行家の養和二年（一一八二）の動向は未詳であるが、相模国鎌倉の頼朝のもとに行き、寿永二年三〜四月頃には相模国松田《まつだ》御所に住んでいた。松田御所は平清盛が鹿島《かしま》詣《もうで》のために造った邸宅といい、相応の威儀が施されていただろうから、行家は一門の年長者に相応しく遇されていたようである。しかし行家は、所領がない、頼朝の代官として墨俣で戦ったなどと称して頼朝に一国を預けるよう要求した。頼朝が断ったため、義仲のもとへ移ったという（『延慶本』第三末―七）。

こののち、義仲と行家がともに北陸で平家と戦うことが同時代史料で確認できるので、『平家物語』が描く行家の行動は一定程度事実と考えられる。

頼朝と義仲の和平

武田信光が頼朝に「義仲が平宗盛の聟になろうとしている」と讒言したことも、頼朝と義仲の関係悪化の一因であった。武田信光は義仲の子の清水冠者《しみずのかんじゃ》を聟にとろうとしたが、義仲が断ったことを恨みに思ったのであった。この話を同時代史料で確認することはできないが、横田河原合戦でともに城氏と戦った武田一族と義仲との関係が悪化したことはうかがえる。加えて佐久をおさえる平賀氏が頼朝に属したことで、頼朝が碓氷峠《うすいとうげ》を進攻することが可能になった（金澤正大、二〇一六）。

結局、木曾義仲は息子の清水冠者を頼朝の娘大姫《おおひめ》と婚姻させることで和平を結んだ。実質的には人質として差し出したに等しい。頼朝の勢力の方が強大であり、義仲が頼朝に屈服していたというのが実態であろう（佐々木紀一、二〇一五ａ）。

義仲は、頼朝とは直接戦わず、平家に対抗して北陸方面に支配領域を拡大するという道を選んだのである。

義仲の上洛

寿永二年（一一八三）四月、京から平維盛・知度・経正・清房《きよふさ》・行盛以下の北陸追討軍が発向し、越前・加賀に攻め入った。義仲は北陸の在地勢力からの救援要請を受けて、信濃から越中に入った。五月、追討軍は越中まで進軍したが、木曾義仲・源行家を中心とする反乱軍が国境の砺波山《となみやま》で迎撃に成功した（『玉葉』五月十六日条）。いわゆる倶利伽羅峠《くりからとうげ》（富山県小矢部市・石川県津幡町）の合戦である。さらに反乱軍は加賀での合戦にも勝利した（『玉葉』六月四日条）。この勢いのまま、義仲たちは越前国府に進み上洛を開始した。

義仲と行家は、おそらく近江から二手に分かれたようで、行家は近江から伊賀に入り、大和を経て京を目指した（長村祥知、二〇一六）。

いっぽう、義仲は、意図的に時間をかけて琵琶湖東岸から上洛した。当時、近江の南北間幹線道は湖西路であったが、義仲は湖東路を進むことで、他の反平家諸勢力と連携し、当初敵対的だった比叡山と交渉して協力関係を結んだ。義仲は七月二十二日から比叡山に城郭を構えた。

彼らが京に迫る過程で、近江以東や大和の清和源氏諸氏を含む反平家軍の一大連携が成立し、もともと平家に属していた畿内近国武士や在京武士も同調・合流したため、反平家

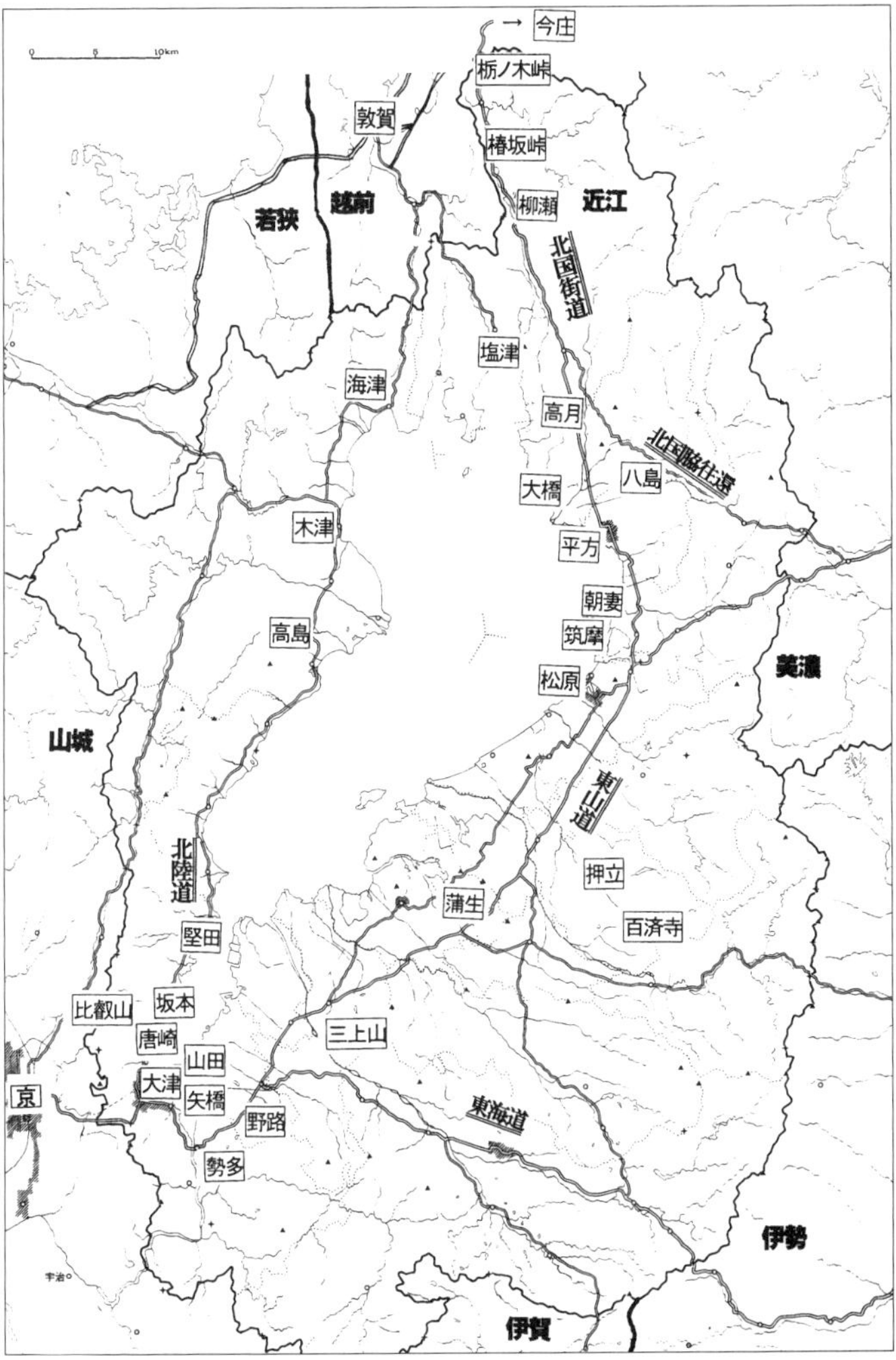

図31　近江の主要道路（『日本歴史地名大系 滋賀県の地名』平凡社、1991年より作成）

軍は京に近づくにつれて加速度的に膨張した（長村祥知、二〇一二a・b）。

それをみて七月二十五日に平家が都落ちした。七月二十八日に木曾義仲や源行家らが入京する。七月三十日には、連携して平家を追った義仲・行家らの有力武士十数名が京中守護を分担した。

この政治過程にはさまざまな武士が関わっており、彼らのなかで覇権を確立することが義仲の課題となった。以下、そうした武士の特質を整理しておこう。

直前まで平家に属していた東国武士・畿内近国武士

義仲が比叡山に着いた七月二十二日、摂津の多田行綱《ただゆきつな》は、平家に属していたが、京に接近した義仲らに同意して平家から離反し、西国への出航地である河尻《かわじり》（大阪市）を確保した。また、かつて平家に属していた文徳源氏の源季国《すえくに》も、平家が没落すると義仲に「相伴《しょうばん》」した（『尊卑分脈』三―四一頁）。

さきに秋山光朝や渋谷重助が平家のときから在京を継続して義仲に属したことに触れたが（一〇三頁）、こうした在京中の武士が平家を見限り、京に迫る義仲に属することで、反平家軍は京に近づくにつれて急速に肥大化したのである。

ただし、こうした彼らの動向は、のち寿永三年（一一八四）正月に源義経率いる鎌倉方軍勢が上洛し、在京の義仲が劣勢となったときも同様であり、結果、義仲方は宇治川合戦で敗北することとなる。京に関わりを持ち続けようとしていた武士の軍事行動は、在京武力中枢の交代に大きな影響力を有したのである。

京中守護を分担した軍事貴族・京武者

列島の内乱状況にともなって在京武士が減少し、平家が北陸道で敗北したことで、京の治安は悪化していた。また養和の飢饉の影響と全国的な内乱による流通の途絶によって、京への運上物が滞っていた。物資の乏しい京に、指揮系統が一元化されていない大軍が乱入した結果、平家の残党や盗人らとともに在京中の軍勢による狼藉・略奪行為も多発した。

そこで七月三十日には、義仲・行家と、摂津の故源頼政の一族（源有綱《ありつな》ら）、信濃の村《むら》上信国《かみのぶくに》・仁科盛家、遠江の安田義定、近江の山本義経（源頼朝弟の九郎義経とは別人）・甲《こう》賀《か》入道《にゅうどう》成覚（柏木義兼）父子、尾張の高田重家《たかだしげいえ》・泉《いずみ》（山田《やまだ》）重忠《しげただ》・葦敷重隆《あじきしげたか》、美濃の源光長が「京中守護」を分担した。義仲は後白河の院宣を受けて彼らの担当区域を分配した（『吉記』、『延慶本』第三末―卅七）。

義仲には、信濃・上野からしたがってきた郎等だけではなく、北陸道の諸地域の兵が従軍していた。また、平家に属していた畿内近国武士や在京し続けた東国武士もいた。こう

表4　寿永2年7月30日の京中守護

人　名	氏・門流	尊卑分脈	本　拠	法住寺合戦時
源頼政子息＊1	清和源氏頼綱流	3-129	摂　津	後白河方
高田重家	清和源氏満政流	3-69 カ ＊2	美　濃	
泉重忠	清和源氏満政流	3-67	尾　張	
葦敷重隆	清和源氏満政流	3-66	美　濃	後白河方
源光長	清和源氏国房流	3-144	美　濃	後白河方
安田義定	清和源氏義光流	3-348	甲　斐 遠　江	
村上信国	清和源氏頼清流	3-188・190	信　濃	後白河方
仁科盛家	桓武平氏		信　濃	後白河方
源行家	清和源氏義家流	3-293	紀　伊? 和　泉?	（西海出陣中）
山本義経	清和源氏義光流	3-315	近　江	義仲方？
甲賀入道成覚＊3	清和源氏義光流	3-316	近　江	
木曾義仲	清和源氏義家流	3-290	信　濃	義仲方

尊卑分脈の項は，新訂増補国史大系の篇—頁を記す．
＊1：『延慶本』第3末—37，『源平盛衰記』巻32には「右衛門尉有綱〈頼政卿孫〉」と所見．
＊2：『尊卑分脈』新訂増補国史大系3篇69頁に所見の高田「重宗」か．
＊3：『吉記』は「甲斐入道成覚」とするが，『延慶本』第3末—37，『源平盛衰記』巻32による．俗名は柏木義兼．

した多種多様な在京武士のなかで、京中守護を分担した彼らは、早くから反平家軍として活動し、父祖以来比較的高い官位につく軍事貴族・京武者として、主導権を握っていた者たちであろう。仁科は平姓だが、その他は清和源氏の諸流である。村上・仁科は信濃から義仲に従軍してきたと思われるが、義仲の郎等である他の信濃武士に比して高い家格を有していた。

八条院の関係者

八条院暲子《しょうし》（一一三七～一二一一）は、鳥羽上皇と美福門院の間にうまれ、両親の鍾愛を受けた。鳥羽上皇は、久寿二年（一一五五）に近衛天皇が没したさい、遊芸にふける雅仁親王（のちの後白河天皇）の器量に疑問を持っていたため、次の天皇として、暲子内親王を女帝とするか、崇徳天皇の子の重仁親王にするか、雅仁の子の守仁（のちの二条天皇）にするか悩んだという風聞も伝わっている（『愚管抄』巻四）。

結局このときは将来の守仁への皇位継承を予定して雅仁が践祚したが、のちに後白河院と二条天皇が対峙するようになると、八条院は二条天皇派を支える存在となる。八条院は鳥羽院・美福門院から安楽寿院領・歓喜光院《かんぎこういん》領・弘誓院《ぐぜいいん》領などを伝領し、自らの御願寺《ごがんじ》である蓮華心院《れんげしんいん》領なども含めて多くの荘園を保有しており（安元二年二月「八条院領目録」。国立歴史民俗博物館所蔵「高山寺《こうざんじ》文書」・内閣文庫所蔵「山科家《やましなけ》古文書」。石井進、二〇〇五）、永万元年（一一六五）の二条天皇の没後も、平家や後白河院から政治的・経済的に自立した勢力として隠然たる実力を有した。

入京前後の義仲の周囲には八条院の関係者が目立つ。父源義賢が討たれたとき、義仲の兄仲家は京都にいたようで、やがて源頼政の猶子となり、八条院蔵人に補任された。仲家は以仁王挙兵のさいに討死したが、八条院判官代である矢田義清も以仁王挙兵のさいに平家と戦い、その後は義仲の腹心として活躍する。京中守護を分担した武士にも、源頼政の子孫や、八条院蔵人の源行家、八条院判官代村上基国《もとくに》の弟信国といった、八条院に近い人物が複数いる。

信太義広

頼朝・義仲の叔父にあたる信太義広《しだよしひろ》も八条院と関わりがあった。義広は初名を義憲《よしのり》（義範・義教）と称し、平治の乱以前には西国で活動していたようである。文治二年（一一八六）九月十五日「鰐淵寺《がくえんじ》古記録写」（井上寛司編『出雲鰐淵寺旧蔵・関係文書』一七）によれば、彼は仁平三年（一一五三）十一月頃には出雲国にいたようで、久木新大夫《ひさぎしんたいふ》と鰐淵寺唯乗房《ゆいじようぼう》が万田荘《まんだのしよう》（島根県出雲市周辺）をめぐって相論したさい、「三郎先生源義憲朝臣、方人（味方をすること）して鰐淵山を焼き払」ったという。保元三年（一一五八）九月三十日には、高野山《こうやさん》に参詣した左中将中山忠親が帰路の河内国長野《ながの》で宿を取ったさい、兵を献じて奉仕している（『山槐記』）。

信太義広の名字地は八条院領常陸国信太荘で、仁平元年に藤原宗子が美福門院に寄進して成立した荘園である（「安嘉門院《あんかもんいん》庁資忠《すけただ》注進抄写」東寺《とうじ》百合文書《ひやくごう》へ函二二〇）。宗子は平忠盛の室で頼盛をうみ、池禅尼と呼ばれる。常陸国は親王が守をつとめる親王任国で、実質的な長官は介であるが、久安五年（一一四九）六月以来、常陸介は平頼盛であった。頼盛がその後信太荘とどう関わったのかは未詳だが、なんらかの権益を有していたと考えるのが自然であろう。信太荘の本所は美福門院から八条院に伝えられたようで、安元二年（一一七六）の「八条院領目録」には八条院の庁分荘園と所見する。

信太義広が平治の乱に参戦したかどうかは、既述（六九頁）の行家と同様に判然としない。古態とされる第一類の『平治物語』には「三郎先生義章」「三郎先生」が義朝軍に属していたとあるが、彼が乱後に処罰されるような立場となったのかは微妙である。一一八〇年代には信太荘を名字の地としているので、八条院領の荘官のような立場にあったとみてよい。

『吾妻鏡』治承五年（一一八一）閏二月二十三日条に、下野国野木宮《のぎのみや》（栃木県野木町）で信太義広が、頼朝方の小山朝政らと合戦したことが記される。なお『吾妻鏡』の表記は「志太三郎先生義広」で、義広の同母兄である義賢（義仲の父）と同じく、春宮坊帯刀先《とうぐうぼうたちはきせん》生《じょう》の官歴を有したことがうかがえる。この野木宮合戦は、寿永二年（一一八三）二月の出来事であるという理解が通説的位置を占めるが（石井進、一九八七）、近年では『吾妻鏡』が記す治承五年でよいとする説も出されており（菱沼一憲、二〇一五）、いずれも決定打とはいいがたい。

寿永二年に信太義広が上洛したことを、頼朝は不満であると後白河に伝えている（『玉葉』十月九日条）。頼朝方と緊張関係を持っていた信太義広もまた、八条院という共通項を有する義仲との関係を深めたのである。

行家との連携・入京・競合

反平家軍の連携の結節点となったのは、源行家と考えられる。行家は八条院蔵人に補任されて諸国の源氏に以仁王令旨を伝えており、そのなかに八条院と関係の深い者が多かったことはいうまでもない。京中守護の分担者のうち、八条院との関係が見出せない者でも、安田義定は治承五年（一一八一）に行家が尾張に進出するのを後援していた（長村祥知、二〇一一a）。泉重忠は墨俣合戦で行家とともに闘った泉重満《しげみつ》の男で、長慶寺《ちょうけいじ》蔵『山田家譜』には重忠と行家女との姻戚関係が記されているという（青山幹哉、一九九八）。

七月二十八日に近江から入京した義仲と、大和から入京した行家とが反平家軍の中心と目されていたが、両者は後白河院の御所に入るときに横並びで、前後に並ばなかった（『玉葉』）。互いに上位を譲らない姿勢は、入京後の主導権争いの萌芽であった。

以上の多種多様な在京武士のなかで、義仲は最大の武力を保持していたが、官位という点では、検非違使の官歴を有する源光長や兵衛尉を帯する山本義経などが上位であった。京での立場を万全なものとすべく、義仲は王朝官位の上昇を企図した。

官位上昇

入京後の八月十日、義仲は平家を追った功労の賞として越後守を与えられたが、早くも八月十六日には伊予守に遷っている（『百練抄』）。伊予は平家の支配領域であるため、在地支配という点に囚われると、この任官の意味は読み解けない。実は伊予守は播磨守と並んで公卿への昇進を目前とする官職で、国守のなかではもっとも格が高かったのである（元木泰雄、一九九六）。

また、義仲は八月十日に左馬頭（『百練抄』）、のち十二月一日には院御厩別当（『吉記』『延慶本』）に補任されている。院御厩別当と左馬頭はいずれも馬を管理する機関だが、それ以上に、かつての藤原信頼と源義朝や、平治の乱以降は平家一門の主要人物が任官し続けていた、京都の武力を統括する政治勢力に相応しい官職だったのである（長村祥知、二〇一八）。

かつて惣官として畿内近国を統轄的に支配していた平家にかわり、義仲は京で最大の武力を有し、在京武士のなかでは最高の官位を得た。義仲は、在京武力の中枢となることで、在京武士のみならず畿内近国の在地領主が主人と仰ぐ存在となった。

畿内近国の支配

この八月以降、義仲は畿内近国の在地領主に安堵を与えるようになる。義仲は、入京直後の寿永二年（一一八三）八月、紀伊国の尾藤知宣《びとうとものぶ》に対して、摂関家領田中《たなか》（田仲）荘（和歌山県紀の川市）の支配を安堵する下文を与えている（『吾妻鏡』寿永三年二月二十一日条）。また、八月十八日、五百余所の平家没官領のうち、義仲に百四十余、行家に九〇の所が与えられた（『延慶本』第四―九）。平家没官領但馬国山口荘《やまぐちのしょう》（兵庫県朝来市）を名字地とする山口家任《いえとう》が、寿永二年八月に義仲から安堵を受けたのは（『吾妻鏡』文治三年十一月二十五日条）、この平家没官領給与にともなうものと考えられる。

義仲は、これまでは軍事力と相対的身分差にもとづいて安堵を行っていたが、入京後は中央での上級領主権の保持者としても下級領主権の安堵を行うようになったのである。

この後、山口家任は義仲に近侍して在京を続け、義仲没後は源義経に近侍することとなる。こうした例ばかりではなく、所領に在地のまま義仲を主人と仰ぐ武士も多く、義仲は新たに畿内近国の武士を組織することとなったのである。

義仲自身としても、官位の上昇や八条院・後白河院といった権門への接近によって王朝権威を帯び、平家没官領の集積などによって、京を中心に畿内近国を拠点とするという政権構想を持つに至ったと考えられる。

従来、木曾義仲といえば、『平家物語』「猫間《ねこま》」や「法住寺合戦」の人物造型によって王朝の制度に無知な反権威的人物という印象が広まっているが、そうした理解は根本から見直す必要があろう。それとともに、義仲が王朝権威や畿内近国支配を重視しながらも、滅亡に至った権力構造を解明せねばならない。

頼朝の政治工作と八条院・後白河院の義仲忌避

頼朝は、平家都落ちは自身の計画であり、自らの家人である義仲・行家らが実現させたかのように京都に吹聴していた。七月三十日の時点で、こうした頼朝の主張を後白河はじめ貴族の多くも認め、勲功の第一頼朝、第二義仲、第三行家という処遇で進めようとしていた（『玉葉』）。このときは、在京する義仲・行家が猛反発して、頼朝を除き、義仲と行家に恩賞として官位と平家没官領が与えられたが、以後も後白河は頼朝を重視する姿勢を取り続ける。

こうした後白河の姿勢と表裏の関係であろうが、入京当初の木曾義仲は、八条院の権威をより重視していた。七月二十五日に平家が安徳天皇を連れて都落ちしたため、しばらくの間、京に天皇が不在だった。そこへ義仲は、なき以仁王の遺児である北陸宮《ほくりくのみや》を新帝に推した（『玉葉』寿永二年八月二十日条）。以仁王は八条院の猶子であったため、北陸宮は八条院の擬制的な孫にあたる。義仲は実質的には八条院を推戴し、その庇護を期待していたと考えられる。

しかし八月二十日、後白河は安徳天皇の弟尊成《たかひら》を践祚させた（後鳥羽天皇）。この頃、八条院は兄である後白河と同居していた。八条院に女房として仕えた健寿御前《けんじゅごぜん》の回想録『たまきはる』には、八条院が後白河に「木曾は腹立ち候まじきか」と聞いたとあって、義仲を気にかけていた様子がうかがえる。しかし、八条院が後鳥羽践祚に反対した徴証はない。後白河が無視できないだけの勢力を八条院が有することを思えば、後鳥羽の践祚はむしろ彼女が消極的ながら後白河を支持した結果といってよいだろう。

さらに、八条院と関わりの深い平頼盛は平家都落ちに同行せず京にとどまっていたが、この頼盛が鎌倉の頼朝のもとに赴いており（『玉葉』十一月六日条）、彼を通じて八条院の義仲に対する距離のとり方が頼朝に伝わった可能性が高い。

義仲に推戴されることをよしとしない八条院の姿勢は周囲の者にも影響した。入京の段階では、八条院との縁が反平家軍の重要な紐帯の一つであったが、やがて八条院ゆかりの在京武士の多くは義仲と対立するようになり、最期まで義仲と行動をともにしたのは矢田義清や信太義広といったごく少数であった。

後白河も、皇位選定に介入した義仲に嫌悪感を抱くようになった。加えて、「義仲」が院の所領を押領していると認識されたことも（『玉葉』九月五日条）、後白河の不満の要因であろう。

しかし義仲にとっては、八条院の推戴ができなくなった以上、後白河のもとで官軍を統率するという立場に自らを位置付けるために、しばらく後白河の意向にしたがうほかなかった。

相伴源氏の離反

義仲とともに在京していた武士のうち、軍事貴族・京武者の多くは清和源氏や文徳源氏であったため、当時の史料に「相伴源氏」と記されている。

既述の八月の平家没官領給与のさい、義仲は、後白河からの恩賞を自身がすべて受け取り、一部を相伴源氏に給付しようと画策した。所領給付を介して当時在京する軍事貴族・京武者との間に主従関係を設定しようとしたのであるが、その試みは失敗に終わった。強大な平家に対抗するという目的で連携した同格の集団のなかで軋轢《あつれき》が生じ、むしろ京武者・軍事貴族のなかに義仲への反発が生じた。

さらに、軍事貴族・京武者は、前代以来、院の権威を重視し、その武力として活動することが多かったため、皇位選定を機に後白河が義仲を嫌悪した影響も彼らに現れたようである。

詳細は不明ながら、『玉葉』八月二十八日条には、七条河原で武士十余人が首を切られたとある。ちょうど寿永二年八月、尾張の清和源氏満政流、木《き》田《だ》重広《しげひろ》が義仲に討たれた(『尊卑分脈』三―七五頁)。これらは同一事件を指しており、義仲と彼らの対立の結果である可能性が高い。

京武者の影響力が及ぶ畿内近国に対する義仲の支配も不安定化した。

京畿内近国の狼藉と権門の反発

平家都落ち後の混乱のなかで、義仲は京・畿内近国の治安回復を期待されたが、当時の史料では「義仲」が乱暴狼藉や押領をしているという認識がしばしば確認できる。

しかし、次の古文書により、義仲自身も大和の武士などに兵糧徴集や狼藉の停止を命じたことが明らかとなった(長村祥知、二〇一三)。

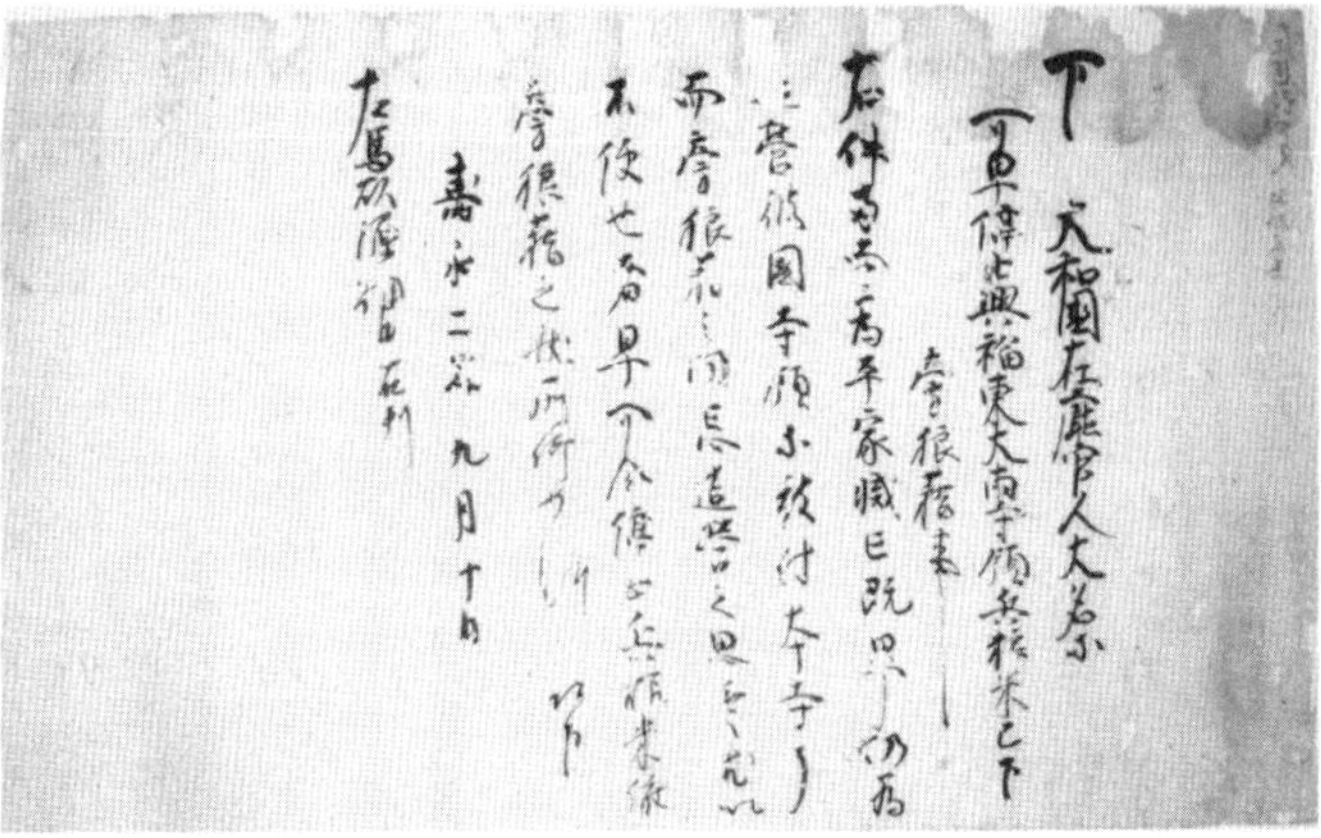

図32　寿永2年9月10日木曾義仲下文案（「東大寺薬師院文書」東大寺所蔵）

寿永二年（一一八三）九月十日「木曾義仲下文案」（「東大寺薬師院《やくしいん》文書」〔目録番号〕薬―一―一六六。原漢文）

（端裏書）「左馬頭下文、兵粮米の事」

下す　大和国在庁官人大名等

早く停止すべき、興福・東大両寺領、兵粮米巳下かたがた狼藉の事

右、件の両寺、平家の為に滅亡し既に畢《おわ》んぬ。仍《よっ》て□営の為、彼の国の寺領等、本寺に付せられ了んぬ。而るにかたがた狼藉の間、造営の思いを忘ると云々。尤《もっと》も以て不便なり、てへれば、早く兵粮米の催、かたがた狼藉を停止せしむべき状、仰する所件の如し。以て下す。

寿永二□九月十日

左馬頭源朝臣在判

ここで想起されるのは、義仲が入京した直後の八月から、畿内近国の武士が義仲に安堵を求めたことである。在地で押領行為を働いていた者の正体は、義仲を主人と仰ぐ在地領主であった。義仲自身は王朝権威を重視し、狼藉行為を止めようとしていたにもかかわらず、京中や畿内近国の狼藉行為は制止できなかった。

女院・院や有力貴族・寺社といった権門は、自分たちの存立基盤たる畿内近国支配が不安定となった点を問題視し、義仲との提携を拒絶したのである（長村祥知、二〇一一b）。

在京武力の中枢となった義仲を主人と仰ぐ在京武士や在地領主が、京や在地で行う狼藉行為によって、その主人たる義仲は京の貴賤の反感を買うことになる。

4　寿永二年十月宣旨と法住寺合戦

西海の平家追討

寿永二年（一一八三）七月二十五日に都を落ちた平家一門は、当初鎮西に赴いたが、菊池隆直《たかなお》の攻撃などもあり、四国へ移動した。やがて平家は勢力を盛り返し、備前・備中に及んだ。

図33　源平合戦水島古戦場跡付近（倉敷市）

平家が畿内に迫っていたことへの危機感に加えて、義仲を京から追い出すことも企図して、後白河は義仲に西海の平家追討を命じた。

九月二十日、義仲は平家追討のために京を発した（『玉葉』）。義仲は西海でも下文による新恩給与を行っていたらしく、『延慶本』第四―二十には、平家家人の妹尾兼康を生捕った加賀の倉光《くらみつ》五郎が勲功賞に備中国妹尾（岡山市）を所望し、義仲が下文を発したとある。

西海に滞在中の義仲は、瀬戸内の後方地域にも働きかけていた。十月二十日付けで石見国の某（益田氏《ますだし》庶流か）を押領使に補任する下文の写も現存しており（長村祥知、二〇一四a）、山陰道西部にも義仲の影響力が及んでいたことがうかがえる。

十月には備前・備中で義仲と平家が対峙している（『玉葉』十月十七日条）。閏十月一日の備中国水島《みずしま》（岡山県倉敷市）の合戦では平家が義仲方に勝利し、義仲を挙兵当初から補佐してきた矢田義清や海野幸広《うんのゆきひろ》が討死した。

寿永二年十月宣旨　寿永二年（一一八三）九月上旬頃には京に、頼朝が上洛を開始したという風聞が届いているが（『玉葉』九月三・四日条）、とり止めとなったらしい。京畿内近国の狼藉がやまないなか、京の貴賤は頼朝の上洛を期待していた（『玉葉』九月五日条）。

十月九日、義仲が西海追討の間に、頼朝は謀反人という立場を取り消され、本位に復した。さらに後白河は、頼朝に東海・東山道における荘園・公領の軍事警察権を認めた。当初は権限を認める対象に北陸道も含まれていたが、義仲の怒りを恐れて北陸道は削除となった。

この命令は、発給時期と文書の様式から「寿永二年十月宣旨」と称されている。先行研究において寿永二年十月宣旨は、挙兵時に反乱軍だった鎌倉幕府勢力が公的存在へと性格を変化させたことや、「東国」の支配領域に関わるものとして重視されてきたが、頼朝の実効支配が南関東諸国に限られていたことを看過してはならない。むしろ重要な点は、頼朝配下の武士が所領拡大要求を実現するために東海・東山道の獲得を目指す契機となった点である（元木泰雄、二〇〇一）。

さらに当時の政治状況を勘案すれば、十月宣旨は、直接的には鎌倉を発した軍勢の進軍を後援するという当該期固有の目的があったものとみるべきであり、実際に頼朝の代官である源義経・範頼が上洛するさいには、東海道諸国や美濃を本拠とする武士の協力ないしは黙認があったと考えられる。また、十月宣旨の対象である東海・東山道には、在京中の甲斐源氏・美濃源氏・尾張源氏の本拠地も含まれており、彼らの義仲からの離反傾向が強まったことは疑いない。そこへ、源義経率いる軍勢が上洛してくるのである。

九条兼実が十一月二日に聞いた情報によれば、頼朝は閏十月五日に鎌倉を出て三夜を過ごしたが、兵糧や蒭《まぐさ》（馬の飼料）の不足について平頼盛と相談した結果、かわりに弟の義経を上洛させることとなった。このとき義経は京でも「九郎御曹司」と称されており、頼朝の猶子として遇されていたと考えられる（元木泰雄、二〇〇七）。

義仲の帰洛

義仲は、勢いを盛り返した平家を相手に芳しい成果をあげられず、平家追討を放棄して閏十月十五日に帰京する。

閏十月二十二日には「頼朝の使」が伊勢まで到達しているとの情報が入る（『玉葉』）。義仲は、鎌倉軍との共存は無理と判断し、鎌倉軍上洛の情報を聞くとたびたび決戦を主張した。しかし、この時点での義仲の兵力は、郎等の大半を伊勢・美濃に遣わさなければ鎌倉軍に対抗できない程度まで減少していた。兵力不足は深刻で、閏十月二十六日には義仲自ら東国に進攻するという計画もあったが、興福寺衆徒や行家に同行を拒否され、実行にうつせなかった（『玉葉』）。

そのため義仲は、鎌倉軍との決戦の主張だけではなく、後白河院の京外への連行も計画する。院の身柄が鎌倉軍に渡ると、自分が賊軍となり、院の影響力が及ぶ京・畿内の武士にまで追討されることを恐れたのであろう。しかし計画自体が行家・光長ら源氏の反対にあうなど（『玉葉』閏十月二十日条）、すでに義仲と相伴源氏との間には深い溝が生じており、義仲は京中に残り自身の実力によることでしか後白河院の身柄を確保できなくなる。院との対立を伏在させながらも、義仲は京から離れられなくなった。

十一月七日には頼朝代官の中原親能と源義経が近江に着いたという風聞が届いている。

法住寺合戦

十一月になると、院が義仲を征伐するという風聞が流れた。十一月十日以降、義仲のもとに、後白河から使者がたびたび遣わされた。

図34　法住寺（京都市）

院の命令は、平家追討・東国攻撃・鎌倉軍の入京許可・京中狼藉の停止などさまざまであるが、義仲の京中支配を否定し、京から離れさせる目的がうかがえる。後白河は、合戦になっても兵力の減少した義仲には勝てると踏んで挑発したのである。鎌倉軍が徐々に京に近づいていることも、院が強気に出た背景であろう。しかし義仲は、院の命令にしたがわずに在京し続けた。

後白河院方はさまざまな準備をしていた。十一月十五日頃から、院御所である法住寺殿周辺の警備が厳重になり、十六日には院近臣が防御施設を建造し始めていた。七月の京中守護で法住寺殿を分担していた源行家が十一月八日に平家追討のため西海へ進

表5　法住寺合戦の後白河院方

A　合戦当日のことを記した史料に軍勢引率・武装が確認できる者

人　名	合戦当日の史料	討死・解官	本拠	門　流
○源季国	尊卑3-41	11/28解官	河内	文徳源氏(尊卑3-41)
○大江公朝	愚管抄		河内ヵ	大江氏
源仲兼	延慶本		河内	宇多源氏(尊卑3-399)
源ヵ頼成	延慶本		河内ヵ	仲兼の家子.宇多源氏ヵ
草刈ノ加賀房源秀	延慶本		河内	?
○源保行	尊卑3-118,中臣11/19ヵ	討死	摂津ヵ	清和源氏頼国流(尊卑3-117)
源信雅	尊卑3-118	討死	摂津ヵ	清和源氏頼国流(尊卑3-118)
○多田行綱	吉記11/18,中臣11/19,延慶本		摂津	清和源氏頼光流(尊卑3-125)
多田某(行綱子)	中臣11/19		摂津	清和源氏頼光流
豊島冠者	延慶本		摂津	清和源氏頼親流ヵ
大田太郎(頼資ヵ)	延慶本		摂津	清和源氏頼親流(尊卑3-170)
葦敷重隆	中臣11/19	12/3解官	尾張	清和源氏重時流(尊卑3-66)
源光長	吉記11/19,延慶本,尊卑3-144	討死	美濃	清和源氏国房流(尊卑3-144)
源光経	吉記11/19,延慶本,尊卑3-144	討死	美濃	清和源氏国房流(尊卑3-144)
村上判官代(基国ヵ)	長門本	三郎判官代,討死.12/3信国,解官	信濃	清和源氏頼清流(尊卑3-186)
村上判官代子六人	長門本		信濃	清和源氏頼清流(尊卑3-186以下)
仁科盛家	延慶本	12/3解官	信濃	桓武平氏ヵ
◇安藤右宗	古事談4巻27話		信濃	桜井氏ヵ,藤原氏ヵ
○平知康	延慶本,愚管抄	11/28解官	?	桓武平氏ヵ
源雅賢	延慶本,(玉葉11/20)	11/28解官	?	宇多源氏(尊卑3-391)
清原近業	延慶本,(百練抄11/19,玉葉11/22)	討死	?	清原氏

B　解官された者のうち，武士の家系の者と追捕尉の経歴を有する者

人　名	合戦当日の史料	討死・解官	本拠	門　流
○源康綱		11/28解官	河内	文徳源氏(尊卑3-44)
源有綱		12/3解官	摂津	清和源氏頼光流(尊卑3-129)
山県経国		12/3解官	美濃	清和源氏頼国流(尊卑3-137)
斎藤友実		11/28解官	越前	藤原氏利仁流(尊卑2-341)
斎藤実久		11/28解官	越前	藤原氏利仁流(尊卑2-344)
斎藤助頼		12/3解官	越前	藤原氏利仁流(尊卑2-345)
○藤原信盛		11/28解官	?	藤原氏良門流(尊卑2-34)
○藤原信景		11/28解官	?	藤原氏良門流(尊卑2-36)

C　合戦当日に討死した者（A以外）

人　名	合戦当日の史料	討死・解官	本拠	門　流
坊門信行	(延慶本,百練抄,尊卑1-325)	討死	?	藤原氏道隆流(尊卑1-325)
高階為清	(延慶本)	討死	?	高階氏
高階重章	(百練抄,帝王編年記)	討死	?	高階氏

後白河院北面の経歴が確認できる者には○，武者所の経歴が確認できる者には◇を付した．7月30日の京中守護の分担者は**太字**にした．軍勢引率・武装は確認できないが，合戦当日の史料に所見する場合は（　）で括った．史料の略称などは次の通り．○/△＝○月△日条，中臣＝『中臣祐重記』，延＝延慶本『平家物語』第四（一廿五），長門本＝長門本『平家物語』巻十五，愚管抄＝『愚管抄』巻五(日本古典文学大系258頁)，尊卑○-△＝『尊卑分脈』新訂増補国史大系○篇△頁，古事談＝『古事談』(説話番号は新日本古典文学大系による)

備考1，村上判官代：村上信国が京中守護を分担．三郎判官代が討死．『延慶本』には「赤塚ノ判官代父子七人」とある．

備考2，仁科盛家：『延慶本』には義仲方とみえるが，解官されているので後白河方と判断．

備考3，『延慶本』には錦織義広が院方に参じたとあるが疑問．

発し、院方はその分の兵力が減少していた。しかし法住寺殿には兵が続々集まり、そのなかには摂津の多田行綱（『吉記』十一月十八日条）など、平家都落ち時に義仲に同調していた武士もいた。

日数をのばす不利を悟った義仲は、合戦を決意する。義仲方に属した軍事貴族・京武者は、信太義広と近江源氏の錦織義広《にしごりよしひろ》・山本義経であった。その他は、挙兵当初から義仲にしたがってきた信濃・上野近辺を名字の地とする郎等である。

後白河方では源光長・光経《みつつね》父子が討死したほか、多くは逃亡した。この法住寺合戦は義仲の勝利に終わった。

畿内近国支配の強化

後白河院を武力で従属させた義仲は十一月二十一日に、摂政を、後白河と親密な近衛基通から弱冠一二歳の松殿師家《もろいえ》に交代させ、十一月二十八日には院近臣の公卿・廷臣たちを解官した。

また十一月二十八日と十二月三日に、源康綱《やすつな》・平知康・源季国・葦敷重隆・村上信国・仁科盛家・源有綱といった武士たちも解官した。信濃の村上と仁科以外はいずれも畿内を本拠とする京武者で、彼らは法住寺合戦で院方に属して生き残った者たちと考えられる。

さらに義仲は、院近習《きんじゅ》の所領や摂関家領を没収し（『吉記』十一月二十八日・十二月二日条）、平家没官領を惣領した（『吉記』十二月五日条）。

『延慶本』第四―三十七には、「（寿永二年十二月）同十三日、木曾除目行テ、思サマニ官ドモ成ニケリ。……我身ハ院御厩別当ニ押テ成ル。左馬頭・伊予守ナリシ、丹波国ヲ知行シテ、其外、畿内近国庄園、院宮ノ御領、又上下ノ所領ヲモ併押取、神社仏寺ノ庄領ヲモ憚らず振舞」ったとある。義仲が院御厩別当となったのは十二月一日頃で、丹波国を知行したのは十二月十日のことなので（『吉記』）、日付は微妙に異なるが、ここに書かれた畿内近国の荘園を集積したことは事実と考えられる。というのも、伊勢内宮領丹後国岡田御厨《おかだのみくりや》（前田本『玉燭宝典』紙背文書十―一号。今江廣道、二〇〇二）や蓮華王院《れんげおういん》領但馬国温泉荘《ゆのしょう》（兵庫県新温泉町）では、義仲が荘園領主権を得たことにともなう在地領主の動きが確認できる。

法住寺合戦の前から義仲は、執拗に後白河院を京外に連行しようという動きをみせていた。院の身柄が鎌倉方に渡らないようにしつつ、京を離れて態勢を立て直そうとしたのであろう。しかし、後白河の拒否により実現の可能性が低いと判断し、在京して畿内近国の支配を強化することとなったのである。

かつて平家は、中央馬政機関の長官職を一族で掌握し、内乱が激化するなかで「惣官」

という奈良時代の職を復活させて、畿内近国の支配を強化していた。義仲も、平家と同様に、在京して官位を高め、畿内近国を基盤とする政治構想を固めたのである。

義仲の滅亡

ただし、義仲を主人と仰ぐ畿内近国の在地領主が必ずしも義仲の意に従ったわけではない。寿永二年（一一八三）十二月には、蓮華王院領但馬国温泉荘の平季広《すえひろ》が義仲領であると称して現地で年貢や荘庫の米を強奪するという動きをみせている。この平季広に対して、義仲は狼藉行為の停止と物品の返上を命ずる下文を発したが、平季広は一切承引しなかった（高山寺文書。『平安遺文』八―四一六六）。こうした在地領主の行為が、彼らの主人である義仲の責任として嫌悪されたことは従来通りである。

義仲は、後白河院の権威を前面に押したてて頼朝の追討を遂行しようとし、十二月十五日には頼朝追討の院庁下文を平泉の藤原秀衡に発給させた。十二月上旬には、鎌倉方の軍勢に対抗するため平家との和平も検討したようだが、交渉は決裂した。

寿永三年正月になると、義仲は自らを征東大将軍に補任させた。このときの官職については、征東大将軍（『玉葉』など）と、征夷大将軍（『吾妻鏡』など）の二種の史料が存在していてどちらも不確定な要素があったが、信憑性の高い新史料『三槐荒涼抜書要《さんかいこうりようぬきがきよう》』が紹介された（櫻井陽子、二〇一三）、征東大将軍であることが確定した。

図35　宇治川（宇治市）

義仲がしばらく補任例のない大将軍職を欲したのは、軍勢を動員するための権威を得ることにあったと考えられる。頼朝が得た寿永二年十月宣旨への対抗という意識も強かったであろう。しかし、法住寺合戦で自ら否定したに等しい院の権威が十全に機能するはずもなかった。

　義経や、後発の範頼が率いる鎌倉軍は、十二月頃までは近江や伊勢で現地武士の組織化をはかっていた。十二月一日には「九郎（義経）の勢、僅《わずか》五百騎」だったが、伊勢の国人や平信兼が合流しており、正月十三日には近江の「九郎の勢、僅千余騎」となる（『玉葉』）。正月十四日には、関東が飢饉なので上洛の軍勢は少ないらしいという風聞もあり、鎌倉軍の多くは畿内近国の武士や在京を継続していた東国武士であったことが示されている。かくして、京に近づくにつれて加速度的に膨張した鎌倉軍は、正月十六日には数万に及ぶ大軍となった。平家都落ちの頃に義仲と行動をともにした京武者・軍事貴族や在京武士は鎌倉軍に吸収され（元木泰雄、二〇〇一・長村祥知、二〇一二a）、正月二十日の宇治川合戦で義仲方は敗れた。義仲は北陸に逃れようとしたが、近江国粟津《あわづ》（滋賀県大津市）で鎌倉方の石田為久《いしだためひさ》に討たれ、生涯を終えた。

エピローグ

義仲討死後の頼朝

義仲と同じ轍を踏まず全国軍事権門へ

木曾義仲に勝利した鎌倉方の軍勢は、その後も平家追討を続けた。寿永三年（一一八四）二月七日、摂津国福原周辺を戦場とするいわゆる一ノ谷《いちのたに》合戦で源義経・源範頼・安田義定らは平家に勝利する。その後一年間の膠着期間を経て、元暦二年（文治元年＝一一八五）二月十九日に讃岐国屋島《やしま》（香川県高松市）の平家を奇襲した鎌倉方は合戦に勝利する。同年三月二十四日には関門海峡の壇ノ浦《だんのうら》（山口県下関市周辺）で鎌倉方が勝利し、平時子と安徳天皇は入水し、平宗盛を捕縛した。

この間、頼朝は、源義経に京や畿内近国での狼藉行為を厳しく取り締まらせ、義経の出陣中も鎌倉殿御使の近藤国平《こんどうくにひら》・中原久経《ひさつね》を派遣した。木曾義仲が畿内近国の武士から主と仰がれたために彼らの在地での狼藉行為の責任を厳しく問われたことと同じ轍《てつ》を踏むまいとしたのである。

平家の滅亡後も源義経が後白河院のもとを離れず在京し続けたため、頼朝は義経に不信感を抱き、文治元年冬に兄弟は決裂するに至る。義経もまた、かつての平家や義仲と同様に院御厩別当に補任されており、後白河は義経を京の守護者と位置付けようとしたのであった。

同年十一月、義経が京から逃亡し、のちに平泉で殺害されると、文治五年（一一八九）秋の奥州合戦で頼朝は平泉を占領した。同年十二月には、奥州から源義経や木曾義仲の子息、藤原秀衡の男子が同心合力して鎌倉に向かうという風説があり、翌年正月にはその正体が藤原泰衡の郎従大河兼任で、出羽で挙兵したことが判明したが、二月十二日には鎌倉幕府軍が合戦に勝利し、三月十日には兼任の首を実検する。かくして頼朝率いる鎌倉幕府は、東国を支配領域とし、全国にわたる軍事権門として定着することとなる。

鎌倉を選んだ頼朝

建久元年（一一九〇）十一月、上洛した頼朝は後白河院と後鳥羽天皇に拝謁した。さらに摂政九条兼実と対面したさい、頼朝は、父義朝は反逆者として身を亡ぼしたが、「彼の忠また空しからず、よって頼朝、すでに朝の大将軍たるなり」と語っている（『玉葉』建久元年十一月九日条）。この上洛のさい、頼朝は権大納言・右近衛大将に補任され、いずれ大臣に至る家格であることが示されると、十二月には両職を辞任し、鎌倉に下向した。

朝廷を守護する大将軍、それが頼朝の自己認識であり、官位・家格の上昇を重視する貴族社会構成員の価値観を共有しながらも、彼は鎌倉に居住し続けることを選んだ。平清盛や木曾義仲の興亡を東国から眺めて、当該期の京・畿内近国の権力構造のなかで在京する武家政権が存続できないことを理解したからであろう。

二年後の建久三年七月、頼朝は朝廷に「大将軍」と称されることを求めた。同年三月に後白河院は死去しており、当時の朝廷は、まだ若い後鳥羽天皇の関白九条兼実が主導していた。朝廷では、先例や有識者の意見を集め、平宗盛の惣官と木曾義仲の征東大将軍はいずれも不快な先例であること、中国の上将軍は本朝で例がないことから、平安時代初期の坂上田村麻呂《さかのうえのたむらまろ》の先例がある征夷大将軍とすることに決めた（『三槐荒涼抜書要』）。征夷大将軍は、朝廷にとって不吉な在京の武家の先例を回避して選ばれた官職であった。木曾義仲のごとく武家が在京するというあり方は朝廷にとっても好ましいものではなく、在京しない公卿が東国の鎌倉を拠点として御家人を率い、全国の軍事警察を担う体制は頼朝以後の鎌倉殿にも継承されることとなったのである。

参考文献（一部を除き、副題は省略した）

青山幹哉「公武両政権下の尾張」『新修名古屋市史 二』一九九八年
浅香年木『治承・寿永の内乱論序説』法政大学出版局、一九八一年
石井　進『鎌倉武士の実像』平凡社、二〇〇二年、原版一九八七年
石井　進『石井進著作集七　中世史料論の現在』岩波書店、二〇〇五年
伊藤瑠美「一一～一二世紀における武士の存在形態（上・下）」『古代文化』五六―八・九、二〇〇四年
伊藤瑠美「中世武士のとらえ方はどう変わったか」『日本中世史入門』勉誠出版、二〇一四年
今江廣道編『前田本『玉燭宝典』紙背文書とその研究』続群書類従完成会、二〇〇二年
岩田慎平『乱世に挑戦した男　平清盛』新人物往来社、二〇一一年
上横手雅敬「院政期の源氏」『御家人制の研究』吉川弘文館、一九八一年
上横手雅敬『平家物語の虚構と真実　上・下』塙書房、一九八五年
上横手雅敬『鎌倉時代政治史研究』吉川弘文館、一九九一年
岡田清一「奥州藤原氏と奥羽」上横手雅敬編『源義経　流浪の勇者』文英堂、二〇〇四年
落合義明「武蔵国と秩父平氏」高橋修編『実像の中世武士団』高志書院、二〇一〇年
笠松宏至『日本中世法史論』東京大学出版会、一九七九年

金澤正大「治承寿永争乱に於ける信濃国武士団と源家棟梁」『政治経済史学』一〇〇、一九七四年
金澤正大「寿永二年春の源頼朝と源義仲との衝突」『政治経済史学』五九二、二〇一六年
鎌倉佐保『日本中世荘園制成立史論』塙書房、二〇〇九年
川合　康『鎌倉幕府成立史の研究』校倉書房、二〇〇四年
木村茂光「武蔵国橘樹郡稲毛荘の成立と開発」『地方史研究』二二七、一九九〇年
木村茂光『初期鎌倉政権の政治史』同成社、二〇一一年
郷道哲章「鎌倉幕府による信濃国支配の過程について（一・二）」『信濃』二五―一一・一二、一九七三年
五味文彦「平氏軍制の諸段階」『史学雑誌』八八―八、一九七九年
五味文彦『院政期社会の研究』山川出版社、一九八四年
米谷豊之祐『院政期軍事・警察史拾遺』近代文藝社、一九九三年
佐伯智広「一条能保と鎌倉初期公武関係」『古代文化』五八―一、二〇〇六年
佐伯智広『中世前期の政治構造と王家』東京大学出版会、二〇一五年
坂井孝一『鎌倉殿と執権北条氏』NHK出版、二〇二一年
櫻井陽子『『平家物語』本文考』汲古書院、二〇一三年
佐々木紀一「日本国二人の将軍といはればや―『平家物語』の義仲と頼朝―」『米沢史学』三一、二〇一五年a
佐々木紀一「木曾義仲の挙兵と北陸経略について」『山形県立米沢女子短期大学紀要』五一、二〇一五

年b
佐々木紀一「平安末期足利・新田氏考証補遺」『山形県立米沢女子短期大学紀要』五五、二〇一九年
佐藤進一・大隅和雄「時代と人物・中世」佐藤進一編『日本人物史大系二 中世』朝倉書店、一九五九年
清水　亮「総論 武蔵国畠山氏論」清水亮編『シリーズ中世関東武士の研究七 畠山重忠』戎光祥出版、二〇一二年
下石敬太郎「土佐国の治承・寿永内乱」『古代文化』七〇—一、二〇一八年
下出積與『木曾義仲』人物往来社、一九六六年
杉橋隆夫「富士川合戦の前提」『立命館文学』五〇九、一九八八年
須藤　聡「平安末期清和源氏義国流の在京活動」『群馬歴史民俗』一六、一九九五年
鈴木彰・樋口州男・松井吉昭編『木曾義仲のすべて』新人物往来社、二〇〇八年
高橋修編『佐竹一族の中世』高志書院、二〇一七年
高橋修編『実像の中世武士団』高志書院、二〇一〇年
高橋一樹「越後国頸城地域の御家人」『上越市史研究』二、一九九七年
高橋一樹『動乱の東国史二 東国武士団と鎌倉幕府』吉川弘文館、二〇一三年
高橋秀樹『三浦一族の中世』吉川弘文館、二〇一五年
高橋秀樹『三浦一族の研究』吉川弘文館、二〇一六年
髙橋昌明『平清盛 福原の夢』講談社、二〇〇七年

髙橋昌明『増補改訂 清盛以前』平凡社、二〇一一年
武久 堅『平家物語・木曾義仲の光芒』世界思想社、二〇一二年
田中大喜『対決の東国史三 足利氏と新田氏』吉川弘文館、二〇二一年
田中文英『平氏政権の研究』思文閣出版、一九九四年
角田文衞「頼朝の母」同『王朝の明暗』東京堂出版、一九七七年
永井 晋『源頼政と木曾義仲』中央公論新社、二〇一五年
永井 晋『八条院の世界』山川出版社、二〇二一年
長村祥知「法住寺合戦について」『紫苑』二、二〇〇四年
長村祥知「法住寺合戦」鈴木彰・樋口州男・松井吉昭編『木曾義仲のすべて』新人物往来社、二〇〇八年
長村祥知「在京を継続した東国武士」高橋修編『実像の中世武士団』高志書院、二〇一〇年
長村祥知「源行家の軌跡」『季刊iichiko』一一〇、二〇一一年a
長村祥知「木曾義仲の畿内近国支配と王朝権威」『古代文化』六三―一、二〇一一年b
長村祥知「源平それぞれの一族を分かつ動乱―保元の乱―」『歴史読本』二〇一二年五月号
長村祥知「治承・寿永内乱期の在京武士」『立命館文学』六二四、二〇一二年a
長村祥知「木曾義仲の上洛と『源平盛衰記』」『軍記と語り物』四八、二〇一二年b
長村祥知「木曾義仲の発給文書」『信濃』六五―一二、二〇一三年
長村祥知「木曾義仲」野口実編『中世の人物 京・鎌倉の時代編二』清文堂出版、二〇一四年a

長村祥知　「寿永西海合戦と石見国の川合源三」『鎌倉遺文研究』三三、二〇一四年b
長村祥知　「『平家物語』と史実」樋口州男ほか編『歴史と文学』小径社、二〇一四年c
長村祥知　「源行家の上洛と「頼政入道党」」『古代文化』六八―一、二〇一六年
長村祥知　「中世前期の在京武力と公武権力」『日本史研究』六六六、二〇一八年
長村祥知監修・富山県総合政策局企画調整室制作　『「義仲・巴」出典付年表』富山県、二〇一八年
長村祥知　「保元・平治の乱と中央馬政機関」元木泰雄編『日本中世の政治と制度』吉川弘文館、二〇二〇年
野口　実　『坂東武士団の成立と発展』弘生書林、一九八二年
野口　実　『中世東国武士団の研究』高科書店、一九九四年
野口　実　『武家の棟梁源氏はなぜ滅んだのか』新人物往来社、一九九八年
野口　実　『源氏と坂東武士』吉川弘文館、二〇〇七年
野口　実　『源氏の血脈』講談社、二〇二二年
野口　実　『東国武士と京都』同成社、二〇一五年
橋本芳雄　「木曾義仲の上洛作戦と北陸道」『越後地方史の研究』国書刊行会、一九八一年
橋本義彦　『平安貴族』平凡社、二〇二〇年
花田卓司　「中近世における下野国の郡域変動」大山喬平・三枝暁子編『古代・中世の地域社会』思文閣出版、二〇一八年
樋口健太郎　「源為義の大物押領事件」『地域史研究　尼崎市立地域研究史料館紀要』一一六、二〇一七

年
菱沼一憲　『中世地域社会と将軍権力』汲古書院、二〇一一年
菱沼一憲　「総論　章立てと先行研究・人物史」同編『シリーズ中世関東武士の研究一四　源範頼』戎光祥出版、二〇一五年
藤原重雄・尾上陽介　「東京大学史料編纂所所蔵『台記』仁平三年冬記」『東京大学史料編纂所研究紀要』一六、二〇〇六年
美川　圭　『院政の研究』臨川書店、一九九六年
美川　圭　『院政 増補版』中央公論新社、二〇二一年
峰岸純夫　「鎌倉悪源太と大蔵合戦」岡田清一編『河越氏の研究』名著出版、二〇〇三年
村石正行　「治承・寿永の内乱における木曾義仲・信濃武士と地域間ネットワーク」『長野県立歴史館研究紀要』一六、二〇一〇年
元木泰雄　『武士の成立』吉川弘文館、一九九四年
元木泰雄　『院政期政治史研究』思文閣出版、一九九六年
元木泰雄　「頼朝軍の上洛」上横手雅敬編『中世公武権力の構造と展開』吉川弘文館、二〇〇一年
元木泰雄　『源義経』吉川弘文館、二〇〇七年
元木泰雄　「平重盛論」朧谷壽・山中章編『平安京とその時代』思文閣出版、二〇〇九年
元木泰雄　『河内源氏』中央公論新社、二〇一一年
元木泰雄　『保元・平治の乱』角川学芸出版、二〇一二年

元木泰雄『源頼朝』中央公論新社、二〇一九年
安田元久『平家の群像』塙書房、一九六七年

[付記] 本書は左記による研究成果の一部である。
二〇一八年度高梨学術奨励基金（若手研究助成）「畿内周縁地域と木曾義仲」（研究代表者 長村祥知）
二〇二二～二五年度科学研究費補助金（基盤研究(C)）22K00893「承久の乱を中心とした史料原本の基礎研究による中世前期公武関係論の基盤構築」（研究代表者　長村祥知）

略年表

年号	西暦	事項
仁平三	一一五三	三月、源義朝、下野守に補任される。 夏頃、源義賢、上野国多胡郡に居住し、秩父重隆の養君になって武蔵国比企郡に通う。
久安三	一一四七	この年、源頼朝、誕生。
久寿元	一一五四	この年、木曾義仲、誕生。
二	一一五五	八月、義賢、武蔵国大蔵館で源義平に討たれる。義仲、信濃に逃れる。十月以前、源頼賢、兄義賢の仇に報いるため信濃国の鳥羽院領に侵入。十月、義朝、頼賢追討の院宣をうける。
保元元	一一五六	七月、保元の乱。源為義・頼賢ら斬首。
三	一一五八	二月、頼朝、皇后宮（統子内親王）権少進に補任される。翌年二月、上西門院（統子）蔵人に補任される。
平治元	一一五九	十二月、平治の乱。頼朝、従五位下に叙され、右兵衛権佐に補任されるが、解官。乱後、義朝は逃亡するが尾張国で長田忠致に討たれ、頼朝は捕らえられる。
永暦元	一一六〇	三月、頼朝、伊豆に流される。
治承三	一一七九	十一月、平清盛、後白河法皇を幽閉して院政を停止する（治承三年政変）。
四	一一八〇	五月、以仁王・源頼政ら、宇治川合戦で敗れる。源仲家ら敗死。

		八月、頼朝、挙兵。伊豆国目代山木兼隆を討つ。石橋山の合戦で敗れ、安房に逃れる。 九月、義仲、信濃で挙兵。十月、義仲、信濃を出て上野に入る。十一月、義仲、信濃の藤原資弘に安堵の下文を発給する。十二月、上野から信濃にもどる。 十月、頼朝、鎌倉に入る。富士川の合戦で平家に勝利。十一月、金砂合戦で佐竹氏に勝利。 十二月、平重衡、大和の東大寺・興福寺を焼く。
養和元	一一八一	正月、平宗盛、五畿内等諸国の惣官となる。 閏二月、平清盛、死去。 六月、義仲、越後より信濃に攻め入った城助職に勝利し、越後に攻め入る（横田河原合戦）。 八月、平経正ら、軍勢を率いて北陸道に進むが、反乱をおさめられず、十一月以降、帰洛。 十一月、義仲、能登の得田章通に地頭職補任の下文を発給する。
寿永二	一一八三	三月、頼朝・義仲、不和となり、義仲の子義高（清水冠者）を頼朝のもとに送ることで和議を結ぶ。 四月、平維盛ら、軍勢を率いて北陸道に向かう。 五月、義仲、砺波山の合戦で平家に勝利。その後も加賀などの合戦で勝利し、上洛する。

		七月、平家都落ち。義仲・行家ら入京し、京中守護を分担する。 八月、義仲、左馬頭・伊予守に補任され、従五位下に叙される。義仲ら、平家没官領を分与される。義仲、後白河院に故以仁王の子北陸宮を帝位につけるよう奏したが、後鳥羽天皇が践祚する。 九月、義仲、大和国在庁官人大名らにあてて下文を発し、興福寺・東大寺両寺領における兵粮米徴集・狼藉の停止を命ずる。義仲、平家追討のため西国へ向かう。十月、義仲、後白河より上野国・信濃国を賜る。 十月、頼朝、本位に復す。後白河院、東海道・東山道の荘園・公領を本主に還付する宣旨（寿永二年十月宣旨）を発し、頼朝に施行させる。 閏十月、義仲軍、備中水島の戦いで平氏軍に敗れる（水島合戦）。義仲、京に帰る。頼朝、鎌倉を出るも上洛を停止し、弟義経を遣わす。 十一月、義仲、後白河院の御所法住寺殿を襲撃し、合戦に勝利する（法住寺合戦）。 十二月、義仲、院御厩別当となる。後白河院より平家領を賜る。
元暦元	一一八四	正月、義仲、征東大将軍に補任される。源範頼・義経の軍勢、勢多・宇治で義仲軍を破り京都へ入る。義仲、近江国粟津において討死。 二月、一ノ谷の合戦。 四月、源義高、鎌倉を脱出するが討たれる。
文治元	一一八五	二月、屋島の合戦。

		三月、源義経ら、平家を壇ノ浦に滅す。三月、義仲の妹宮菊（北条政子猶子）、美濃より上洛。妹を担ぐ者たちが権門の所領を掠奪しているのを、頼朝が近藤国平らに命じて停止させる。五月、頼朝の招きにより、源義仲の妹宮菊が、鎌倉に到る。頼朝、宮菊に美濃国遠山荘内の一村を与える。十一月、源義経、京から逃亡。北条時政が後白河院に諸国を分賜して兵粮を賦課することを申請する。
五	一一八九	閏四月、源義経、陸奥国衣川で自害。七〜九月、奥州合戦。十二月、大河兼任が挙兵するが、翌年三月に鎮圧される。
建久元	一一九〇	十一月、頼朝、上洛。権大納言・右近衛大将に補任され、両職を辞して鎌倉に帰る。
三	一一九二	七月、頼朝、征夷大将軍に補任される。
正治元	一一九九	正月、頼朝、死去。

著者紹介

一九八二年、京都府に生まれる
二〇〇四年、同志社大学文学部卒業
二〇一一年、京都大学大学院人間・環境学研究科博士後期課程修了、博士（人間・環境学）
現在、富山大学学術研究部人文科学系講師

主要編著書

『中世公武関係と承久の乱』（吉川弘文館、二〇一五年）
『京都観音めぐり　洛陽三十三所の寺宝』（編著、勉誠出版、二〇一九年）
『京都の中世史三　公武政権の競合と協調』（共著、吉川弘文館、二〇二二年）
『龍光院本　承久記絵巻』（編著、思文閣出版、二〇二三年）

対決の東国史1
源頼朝と木曾義仲

二〇二三年（令和五）八月一日　第一刷発行

著　者　長《なが》村《むら》祥《よし》知《とも》
発行者　吉川道郎
発行所　株式会社 吉川弘文館
東京都文京区本郷七丁目二番八号
郵便番号一一三—〇〇三三
電話〇三—三八一三—九一五一〈代表〉
振替口座〇〇一〇〇—五—二四四
http://www.yoshikawa-k.co.jp

印刷＝株式会社 東京印書館
製本＝株式会社 ブックアート
装幀＝渡邉雄哉

ISBN978-4-642-06867-3

刊行のことば

近年の中世東国史研究の進展はめざましいものがあります。しかし、その政治史をひもとくと、覇権争いの登場人物がめまぐるしく入れ替わるため、ひとつの歴史の流れとして把握しにくい面があります。そこで本シリーズでは、東国における特定の時代を代表する二つの武家の協調と相克の様相を通じて、中世東国の政治史をわかりやすく叙述することを目指しました。

第一巻から第七巻まで、主役に据える武家はさまざまです。しかし各巻では、①主役武家の系譜意識、②その武家の存在形態（一族・姻族・地縁等の人間関係や領主組織など）、③畿内の政権・政局との関係、という三つの観点を共有することで、内容に統一感を持たせるとともに、主役武家を、その時代と「東国」のなかに位置づけるように配慮しました。

本シリーズの叙述姿勢は「単純化しすぎ」との批判を招くかもしれませんが、研究の要点を的確にまとめた「わかりやすい」中世東国の通史として、多くの読者に長く親しまれることを期待します。

二〇二一年十二月

企画編集委員
高橋　秀樹
田中　大喜